KB178502

수학 공부의 정석

일러두기

등장하는 인물의 이름은 모두 가명입니다.

초등부터 고등까지 **수학**,

포기하지 않고 **끝까지** 공부해 내는 법

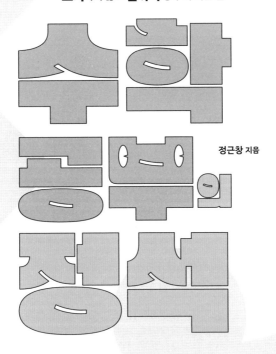

수학
공부의
정석

정근창 지음

포르**★**세

수학, 공식은 없지만 방향은 있다

이제 입시에서 수학은 필수다. 수학의 영향력이 커지자, '문과 침공'* 이라는 말까지 등장했다. 초등학교를 졸업할 때쯤이면 아이들의 마음에는 이미 수학에 대한 호불호가 자리 잡는다. 좋아하는 정도는 초등학생 때 어떤 과정으로 수학을 공부했는지에 크게 좌우된다. 그 과정에서 절대적인 영향력을 끼치는 사람은 선생님이 아니라 부모다. 아이의 수학 교육은 부모가 아는 만큼 잘할 수 있다.

---

* 이과 수험생이 교차지원으로 문과 상위권 학과에 지원하는 것을 뜻한다.

그렇다면 부모가 가장 먼저 알아야 할 것은 무엇일까? 그건 아이들의 능력과 성향이 저마다 다르다는 것이다. 대부분 그차이를 인정하고 능력에 맞게 배우도록 하기보다 다른 아이들과 똑같이 하려는 경향이 있다. 수학을 잘했으면 하는 욕심 때문이다. 물론 그런 욕심이 없는 부모는 없다. 누구나 내 아이의 성적이 빨리 올랐으면 좋겠고, 얼른 고등 과정까지 끝내 놓고 싶을 것이다. 다만 그 욕심 때문에 판단력이 흐려져 아이의 수학적 능력을 객관적으로 바라보지 못하게 된다.

이러한 한국의 '빨리빨리' 민족다운 욕심은 학원가에서 두드러지게 나타난다. 최근 주요 대학 정시에서 수학 변별력이 커지면서 서울의 학원가는 '초등 의대반' 간판을 내건 곳들이 보이기 시작했다. 해당 과정은 초등 고학년 때까지 중등 과정을 모두 마치는 커리큘럼이다. 이러한 선행 학습 열풍에 휩싸인 학부모는 아이의 수학 진도가 늦은 게 아닌지 고민하기 시작한다. 그러다 초조함에 못 이겨 결국 현행 과정에도 따라가지 못하는 아이를 선행 학습반에 넣고 만다.

수많은 정보에 둘러싸이면 늘 이리저리 휩쓸리기 마련이다. 특히 수학은 주요 과목인 만큼 정보가 너무 많고, 각각 말이 달라 뭐가 맞는지 헷갈린다. 남들 말만 무작정 쫓다가 적절한 때를 놓치고 후회할 수 있다. 생각해 보자. 결국 중요한 건 우리 아이의 실력과 수준이다. 남의 아이가 하는 것을 따라 할 게 아니라 능력에 맞게 학습할 수 있도록 이끌어야 한다. 그러기 위해서는 부모의 역할이 정말 중요하다.

　모든 일에는 단계가 있다. 초급, 중급의 단계를 지나야 상급으로 갈 수 있다. 수학도 마찬가지다. 수학 실력은 단단한 기초 학습 위에 세워야 한다. 지금 배우는 것을 이해해야 이후에 배우는 것도 이해할 수 있다. 순서를 무시하고 무작정 남들을 따라 과도한 선행을 하면 역효과가 난다.

수학 잘하는 아이로 키우기 위해 해야 할 일

취학 전은 아이가 좋아하는 것을 열심히 해 보는 시기가 되어야 한다. 그 대상은 공부가 아니어도 좋다. 열심히 해서 잘하게 되는 경험을 맛보게 해 주어야 한다. 바로 그 경험이 진학 후 성적으로 이어지기 때문이다. 뭔가를 잘해 본 기억은 아이의 자신감이 된다. 처음엔 잘 알지 못했던 것을 열심히 공부해서 알게 되는 과정이 바로 실력이 올라가는 비결이다. 이렇게 초등 수학이라는 첫 단추를 잘 끼우면 그다음은 수월하다.

중학생이 되면 초등학교 때부터 누적된 수학 실력을 시험으로 검증받는다. 이때의 성적은 대학 입시와 직접적인 연관이 없다. 그렇기에 초등학생 때부터 누적된 학습 결손을 보완할 수 있는 중요한 시기다. 그래서 부족한 부분을 채우고 다시금 실력을 다져야 한다.

하지만 이 중요한 시기를 고등 수학을 선행하는 시간으로 사용하는 경우가 많다. 초등 수학을 대충 끝내고 중등 수학을 빨리 시작하면 결과가 좋지 않다는 것을 알면서도 이런 선택을 하는 실수를 범한다. 일찍 시작해서 중등 수학을 잘하는 것이 아니다. 초등 수학을 잘 이해한 학생이 중등 수학을 잘하는 것이다. 같은 이유로 중등 수학을 열심히 공부하는 것이 결국 고등 수학을 준비하는 것임을 명심해야 한다. 아이는 한 치 앞도 보지 못하고 있는데 부모만 멀리 보고 아이를 선행 학습으로 내몬다. 이건 고등 수학을 위한 기초를 스스로 허무는 일이다.

수학 잘하는 아이로 키우기 위해서 시기별로 알아야 할 점들이 있다. 이 책의 1장에서는 취학 전부터 고등 입시까지의 시기별 전체 로드맵을 제시한다. 이 로드맵은 내 아이에게 알맞은 수학 학습 방향을 찾도록 돕는다. 일란성 쌍둥이도 자란 환경에 따라

서로 다른 성향을 보이는데, 어떻게 모든 아이에게 똑같은 효과를 보이는 교육 방법이 있겠는가. 로드맵에서 내 아이에게 맞는 방법을 찾아 적용해야 한다. 2장은 수학 학원에 다닐 때 어떤 부분을 중점적으로 봐야 하는지를 함께 알아보고, 학습하다 보면 드는 흔한 의문들에 관한 해결법을 제공한다. 3장에서는 현행 학습과 선행 학습, 심화 학습이 왜 적절하게 분배되어야 하는지 살펴본다. 4장은 수학 학습 근력이 되는, 학부모와 아이의 관계 개선 방법을 담았다. 타고난 공부 머리보다 수학을 대하는 태도가 중요하다는 것을 보여 줄 것이다.

독자가 경험하게 될 자녀의 학습 상황은 대부분 내 아이로 몸소 체득했다. 이 책은 관찰을 통한 간접 경험에 직접 경험이 더해진 결론이다. 통계적 유의성보다 수학 학습의 전체적인 로드맵을 제시하고, 아이 상황에 맞게 적용할 수 있도록 했다. 가볍게 읽고 공감하는 부분은 기억해 실천하면 좋겠다.

100m 달리기는 몇 초의 근소한 차이로 승부가 결정된다. 그러므로 출발 신호와 동시에 빨리 출발하는 것이 무엇보다 중요하다. 그에 비해 42.195km라는 긴 거리를 달려야 하는 마라톤은 빨리 출발하는 게 가장 중요한 건 아니다. 남들이 빨리 뛴다고

자기 능력에 맞지 않게 뛰다 보면 결승선에는 걸어서 들어갈 수 있다. 다른 선수들이 어떻게 달리는지 보는 것도 필요하지만, 그것보다 자기 속도에 맞게 달리는 게 더 중요하다. 초등학교에서 시작해서 고등학교로 마무리되는 수학 공부도 마찬가지다. 남이 하는 것을 따라서 하는 게 아니라 내 아이 능력에 맞는 학습이 되도록 이끌어야 한다. 그렇게 하기 위해 부모는 실력이라는 창窓으로 아이를 객관적으로 바라볼 수 있어야 한다. 나는 이 책이 그 창을 만드는 계기가 되길 바란다.

2023년 6월
정근창

목차

수학 교육 전체 로드맵

수학 학원 사용법

올바른 수학 학습으로 가는 길

수학에 필요한 근력 키우기

우리 아이 수학 교육 집 짓기 로드맵

미취학: 땅 다지기

+ '실체 없는 자신감'을 주의하라

많은 내용을 무작정 미리 가르치는 것보다는
좋아하는 것을 하면서 열심히 하는 태도를 먼저 익혀야 한다.

초등: 기초 작업

+ 야단은 NO! '틀려도 괜찮다'는 마인드 가지기

부정적인 말에는 가드를 올려야 한다.
틀린 문제를 찬찬히 다시 공부하면서 생각의 오류를 고치고,
몰랐던 부분에 관해 학습하자.

중등: 기둥 세우기

+ 예비하기

초등 수학을 '대충' 마무리하는 것에 주의하자.
우리 아이 수학 실력에 관해 감을 잡는 게 중요하다.

+ 1학년

개념 학습용 교재를 시작으로 서서히 난이도 상승!
배운 것을 반복하고 단계적인 심화 학습으로 올바른 기초를
쌓자.

+ 2학년

미리 배운 것이 실력은 아니다.
갑작스런 선행 학습보다는 아이 실력에 맞는 학습 방법을 찾자.

+ 3학년

'늦었다'는 말에 속지 말자.
아이의 역량 파악이 우선이다.
속도를 욕심내면 공부를 부실하게 할 가능성만 커진다.

고등: 지붕 올리기

+ 예비하기

내신을 좋게 받을 수 있는 고등학교에 가야 한다?
아이들이 환경에 영향을 잘 받는다는 것을 꼭 기억하자.
심사숙고 후 결정해야 한다.

+ 1학년

'풀어 본' 것은 '풀 수 있는' 것이 아니다.
문제를 대하는 태도를 바꾸자.

+ 2학년

좋은 잔소리는 없다.
과정을 의심하지 말고 아이를 기다려 주자.

+ 3학년

1년은 생각보다 긴 시간이다. 얼마든지 역전이 가능하다.
이미 늦었다는 생각보다는 부족한 실력은
올리면 된다는 마인드를 가지자.

1장

수학 교육 전체 로드맵

초등학교 입학 전부터 고등학교까지

취학 전 수학 선행 학습,
필요할까?

아이를 키우다 보면 사람마다 다 때가 다르다는 말을 이해하게 된다. 공부도 마찬가지다. 일찍 시작했다고 다 잘하게 되는 것도 아니고, 늦게 시작했다고 해서 못하게 되는 것도 아니다. 공식이 없다. 그래서 교육이 어렵다.

취학 전이든 후든 시기와 상관없이, 진도를 따라갈 수 있는 아이가 선행 학습을 한다면 아무런 문제가 없다. 오히려 나이가 같다는 이유로 전국의 모든 학생이 동일한 진도의 학습을 하는 상황이 더 문제가 있어 보인다. 하지만 내가 봤을 때 적어도 90%의 학생은 자기 학년에서 배우는 내용을 열심히 배우고 익히는 데 집중해야 하는 수준이다. 그들에게 더 빠른 진도는 실력 향상에 도움이 되지 않는다.

취학 전에 잘하던 아이들이 취학 후에도 수학을 계속 잘하더라는 말에 '일찍 시작해야 잘하게 된다'는 생각이 슬슬 자리 잡기 시작한다. 영어를 일찍 시작했더니 좀 잘 하는 것 같아서 수학도 그렇게 될 것만 같다. 그런데 그 아이들은 일찍 시작해서 수학을 잘하게 된 아이들이 아니라 원래 타고난 수학 머리가 있는 아이들이다. 그런 아이들이 몇 명이나 될까? 그래서 그 아이들이 취학 후에도 수학을 잘하는 상황은 과학고에 입학한 아이들이 수학을 잘하는 상황과 별반 다르지 않다. 학원을 가기 전부터, 과학고에 입학하기 전부터 수학을 잘 하던 아이들이다.

수학을 잘 못하는 아이가 선행 학습으로 진도를 쭉 당긴다고 해서 수학을 잘하게 되지는 않는다. 지금 수학을 잘 못한다면 그다음 학년의 수학도 제대로 이해하기 어렵다. 흔히 수학을 미리 배우고 입학하면 좀 수월할 것이라는 생각을 한다. 하지만 배우는 내용이 어려워서 학습 스트레스가 일찍 시작되고, 미리 배운 탓에 정작 진학 후 학교 수업에서는 집중하지 못할 수도 있다. 그로 인해 아이의 자존감까지 손상될 수 있다는 사실을 알아야 한다.

학원비 부담에, 통학까지 시켜 가며 학원을 보냈는데 아이가 뒤처지고 힘들어하는 상황을 생각해 보자. 깔끔하게 마음을 접고 "아직 시기가 아닌 것 같다. 다 엄마의 욕심이었다. 미안하다. 지금부터 놀아라."라고 시원하게 말할 수 있을까? 그럴 수 있는 부모가 과연 얼마나 될까? 물론 애초에 그럴 부모였다면 시작도 하지 않았을 것이다.

÷

열심히 하는 태도를 익혀라

유명한 인터넷 학습 카페에 이런 질문을 담은 글이 올라왔다. 아이가 초등학교 1학년 때로 돌아갈 수 있다면 무엇을 해 줄 것인지 묻는 글이었다. 그 게시글에 달린 댓글에는 '영어, 수학 선행 학습'에 관한 내용도 있었지만, 그보다 '예체능과 독서'에 관한 댓글이 더 많았다. 그건 자녀가 어릴 때 시킨 과도한 학습에 대한 부모의 반성일 수도 있고, 실행하지 못했던 다른 방법에 대한 동경일 수도 있다. 이런 예시를 봤을 때 취학 시기에 제일 선호되는 교육이 꼭 교과 과목에 대한 선행 학습이 아닌 것은 확실하다. 더구나 다른 사람도 아니고 그 시기를 이미 경험한 선배들의 조언이니 미취학 자녀가 있다면 새겨들을 만하다.

공부든 예체능이든 잘하게 되는 공통 비결은 열심히 하는 것이다. 열심히 하는 것은 방법이 아니라 태도다. 태도는 좋아하는 것을 할 때 좀 더 적극적으로 변한다. 옆집 아이가 선행 학습을 한다는 이유로 내 아이도 따라해야 한다고 생각하지 않았으면 한다. 성인도 좋아하지 않는 것을 열심히 하기는 정말 어렵다. 심지어 그 나이에 수학을 좋아하는 아이는 별로 없다. 6~7살은 좋아하는 것을 하면서 열심히 하는 태도를 익혀야 하는 시기다. 많은 선배 학부모들이 '예체능을 좀 더 시킬걸'이라고 아쉬움을 표현하는 것도 비슷한 이유가 아닐까.

높은 학년의 내용을 미리 알게 되어서 자신감이 생긴다면, 사실 그것은 실체가 없는 자신감이다. 그런 자신감은 시간이 지나 다른 아이들도 그 내용을 알게 되는 순간 사라지게 된다. 진짜 자신감은 깊이 있는 실력에 기인한다. 그리고 그 실력은 오직 노력으로만 만들 수 있다. 그래서 취학 전은 아이가 열심히 노력해서 잘하게 되는 경험을 흠뻑 맛보는 시기여야 한다. 여기서 부모의 역할은 아이가 좋아하는 것을 해 볼 수 있는 기회를 주는 것이다. 수학을 좋아하는 아이도 분명히 있다. 하지만 앞서 말했듯이 대부분의 아이에게 수학 선행 학습이 답이 아니라는 사실에는 의심의 여지가 없다.

초등학교 저학년
― 틀려도 괜찮아

아들이 초등학교 5학년일 때의 이야기다. 토요일마다 아들은 문화 센터에서 진행하는 바이올린 수업을 수강했다. 바이올린 수업이 끝나면 근처 도넛 매장에서 함께 도넛을 먹곤 했다.

"이거 왜 틀렸어. 엄마가 다 가르쳐 줬잖아. 다시 풀어!"

옆 테이블에는 초등학교 2학년 정도로 보이는 딸과 엄마가 있었다. 아이는 수학 문제를 풀고 있었는데, 다시 풀기 싫어서 징징거리며 몸을 비틀고 있었다. 그리고 엄마는 왜 이런 문제를 틀리냐며 야단치고 있었다. 수학을 싫어하게 되는 지름길로 엄마가 끌고 가는 것 같아 안타까웠지만 내가 해줄 수 있는 것은 없었다.

엄마들은 아이가 문제를 풀면 처음에 다 맞히기를 바란다. 틀린 문제에서 많은 것을 얻는다는 사실을 잘 모른다. 자주 방문하는 교육 관련 인터넷 카페의 글을 읽다 보면 "우리 애는 쉬운 문제도 자꾸 틀려요.", "초등학교 2학년인데 덧셈, 뺄셈도 잘 틀려요.", "초등학교 3학년인데 단원 평가 풀면 1~2개씩 꼭 틀려서 걱정이에요." 이런 글을 자주 본다. 내가 보기엔 아무 문제가 없는데 아주 큰일인 것처럼 걱정하고 물어본다. 또 처음부터 안 틀리게 해 주는 방법은 없는지, 그런 방법을 가르쳐 주는 학원은 없는지 수소문을 한다.

초등학교 2학년이 이제 막 수학 공부를 본격적으로 시작했다고 하자. 아이가 가장 먼저 배워야 할 것이 무엇인가? 틀리지 않는 방법을 배워야 하는가? 모든 아이가 한 번 배우면 다 알아듣고 술술 문제를 풀 수 있게 되는 건 아니다. 엄마의 마음속에는 다른 집 아이들은 몰라도 내 아이는 술술 풀어내야 한다는 욕심이 있는 것 같다. 이해는 한다. 나도 한 아이의 아빠로서 그랬었으니까. 슬쩍 보기만 해도 답이 탁 튀어나오는 문제를 열 손가락, 발가락을 다 동원해서도 못 풀고 앉아 있으니 왜 답답하지 않겠나.

공부를 집에서 엄마와 하든, 학원에서 선생님과 하든 아이의 머릿속에 가장 먼저 자리 잡아야 하는 것은 '틀려도 괜찮다'라는 생각이다. 아이가 그렇게 생각하는 데 가장 큰 영향을 주는 사람은 과연 누굴까? 학원 선생님이 그런 노력까지 할까? 좋은 성적을 결과로 보여줘야 하는 학원 선생님에게 그런 걸 기대하는 건 과욕이다. 아이 본인이 틀려도 괜찮다는 생각을 하려면 부모가 먼저 그렇게 생각하고 있어야 한다.

틀려도 괜찮다는 생각이 왜 필요한지 보자. 일반적으로 문제를 풀었을 때 60~70% 정도 맞힐 수 있는 문제집을 적정한 문제집이라 본다. 30~40%의 틀린 문제를 다시 공부하면서 생각의 오류를 수정하거나 몰랐던 것을 알게 된다. 또한 60~70%의 맞힌 문제로 불확실했던 생각에 확신을 더하고 또 익숙해지는 연습을 하게 된다. 그야말로 배울 학學, 익힐 습習이다. 틀리는 문제가 없다면 배울 것이 없고 결국 실력은 제자리에 머물게 된다. 그러니 어쩌면 틀리기 위해서 문제를 푼다고 말할 수도 있겠다. 틀리는 게 문제가 아니라 틀린 문제를 다시 공부하지 않는 게 진짜 문제다.

수학을 처음 배울 때부터 틀리면 안 된다는 말을 들으며 자란 아이의 마음은 어떻겠는가? 틀리는 것에 대해 반복적으로 야단을 맞게 되면, 아이는 틀릴 만한 어려운 문제는 점점 풀지 않으려 하게 된다. 이런 성향을 보이는 아이가 꽤 많다. 초등학교 고학년이나 중학생이 되면 채점을 똑바로 하지 않기도 하고 급기야 답안지를 베끼기도 한다. 이런 일이 있으면 다들 아이 탓을 하는데, 처음 공부를 시작하던 때로 돌아가서 아이에게 어떻게 말했는지 상기해 보자. 혹시 틀리는 것을 두려워하는 아이로 키워진 것은 아닌가?

아이가 이제 막 공부를 시작하려 하는가? 그럼 먼저 마음속으로 이렇게 말하는 연습을 해 보자. '틀려도 괜찮아'

사고력 수학,
필수인가?

> *"아빠, 나중에 내가 결혼해서 아들 낳으면 나도 사고력 학원 보낼 거예요."*

고등학교 선배의 아들이 사고력 수학 학원에 다니면서 했던 말이다. 이 학생은 소위 넘사벽의 학생이었다. 수학과 과학을 좋아했던 아이는 서울대에 합격했다. 또 다른 경우를 보자.

> *"애 둘 다 사고력 학원 보냈는데 소용없는 것 같아요."*

상담을 온 한 학부모는 형제를 모두 사고력 수학 학원에 보냈었는데 아무 소용이 없었다고 한탄했다. 두 케이스 모두 사고력 수학을 했지만, 그 평가는 서로 극과 극이다.

아이가 초등학교 저학년이 되면 사고력 수학을 공부하는 학원을 보내야 할지, 교과 수학을 다루는 학원에 보내야 할지 고민스럽다. 요즘은 보통 아이를 1명 혹은 많으면 2명 낳아서 키운다. 그러니 초보 학부모일 수밖에 없다. 충분히 이해할 수 있다. 나도 수학 학원을 운영하지 않았다면 그런 고민을 했을 것이다.

사고력 수학을 꼭 해야 사고력이 길러져서 수능에서 어려운 4점짜리 문제를 풀 수 있다고 말하는 경우를 본 적이 있다. 기가 찰 노릇이다. '사고력'이란 무엇인가? 사고력 수학이라는 이름표를 달고 있는 문제를 술술 풀어내는 것만이 사고력이 좋은 것인가? 그런 문제를 통해서만 사고력을 기를 수 있는가? 수학 교과서에 있는 문제를 열심히 푸는 것으로는 사고력을 기를 수 없는가? 또 독서를 많이 하는 것으로는 되지 않는 것인가?

사고력은 '생각하는 힘'이다. 복잡하게 꼬여 있는 내용을 차근차근 풀어내면 사고력이 좋은 것이고, 틀린 문제를 끝까지 풀어내려 노력하는 것도 사고력이 뛰어난 것이며, 한자리에 앉아서 오래 책을 읽을 수 있다면 이 역시 우수한 사고력을 가진 것이라고 나는 생각한다. 또 야구 선수가 자신의 타격 자세의 문제점을 고치려 노력하는 것도, 축구선수가 자신의 경기를 되새김질하며 단점을 찾는 것도 사고력을 키우는 과정이라고 생각한다. 그런데도 사고력 수학을 꼭 해야, 특정 문제집을 꼭 풀어야만 나중에 어려운 문제를 풀 수 있고 실력을 올릴 수 있다고 당당하게 말하는 뻔뻔함은 도대체 어디서 나오는지 궁금하다.

교과 수학을 축구로, 사고력 수학을 풋살로 생각해 보자. 그둘은 비슷하지만 조금은 다르다. 풋살에 흥미가 있으면 풋살을 시키면 되고, 축구를 좋아하면 축구를 하도록 하면 된다. 어려서부터 축구를 해서 축구를 잘하게 될 수도 있고, 풋살로 시작해서 최종적으로 축구를 잘하게 될 수도 있다. 처음부터 축구만 했어도 축구를 잘하지 못하는 학생도 있다. 이는 풋살도 마찬가지다. 단, 어떤 것으로 시작을 했는지는 상관없이 평가는 축구로 한다는 사실을 염두에 두어야 한다. 그래서 풋살은 필수가 아니라 선택의 문제다. 수학도 다르지 않다.

초등 수학을 빨리 끝내고 중등 수학으로 들어가라?

맞다. 초등 수학을 빨리 끝내면 중등 수학을 시작하면 된다. 문제는 대부분의 아이가 초등 수학을 빨리 끝내기 어렵다는 것이다. 또 어느 수준에 도달해야 끝낸 것인지 기준도 명확하지 않다. 그래서 많이 혼란스러워한다. 초등 수학을 빨리 끝내라는 말을 곡해하여 초등 수학을 대충 마무리하고, 빨리 중등 수학을 시작해야 수학을 잘하게 된다고 생각하는 경우도 있다. 이런 경우는 거의 실패한다.

유명한 인터넷 학습 카페에서 이런 글을 읽었다. 초등학교 5~6학년 동안 수학 과외로 중학교 3학년 과정까지 마쳤는데, 인근 학원에서 중학교 1학년 1학기 레벨 테스트를 치니 25문제에서 겨우 5문제를 맞혔다고 했다. 초등 수학을 대충하고 중등 수학으로 빨리 들어간 전형적인 예로 보였다. 중학교에 진학해야 할 아이가 초등 수학도 잘 모르고, 2년간 배운 중등 수학도 거의 아는 것이 없으니 판단 착오로 아이의 소중한 2년을 날린 셈이다. 되돌릴 수도 없거니와, 앞으로 실력이 비약적으로 좋아질 가능성도 크지 않아 보인다. 왜냐하면 아이가 수준에 맞지 않는 수학을 공부하느라 엄청난 스트레스를 받으며 2년을 보냈을 것이기 때문이다. 그렇게 되면 놓친 초등, 중등 수학의 기초는 차치하더라도 수학에 대한 흥미가 바닥일 수밖에 없다.

가르쳤던 과외 선생님이 상황을 분명히 파악했을 텐데, 2년 동안 학부모에게 사실을 이야기하지 않았다는 점이 같은 가르치는 사람으로서 아쉬운 부분이다. 실력이 없는 선생님이었거나, 양심이 없는 선생님이었거나 둘 중 하나다. 그게 아니라면 선생님은 학습 상황을 파악해서 이야기했지만 부모가 진도를 욕심내 무시했을 수도 있다. 어떤 경우라도 아이의 잘못은 없다. 실력이 없는데 과도한 선행 학습을 시킨 것도, 바른말을 하지 않은 선생님을 구한 것도, 혹시 있었을지 모를 선생님의 조언을 무시한 것도 모두 부모 책임이다.

'초등 수학을 빨리 끝내고 중등 수학으로 들어가라'라는 말을 초등 수학의 너무 어려운 문제를 붙잡고 있는 것보다 중등 수학 선행 학습을 하는 게 낫다는 의미로 해석하는 경우도 있다.

앞서 이야기한 초등 수학을 대충 마무리하는 것보다는 나은 해석이다. 다만 얼마나 어려운 문제까지 풀 수 있어야 하는지에 대한 기준은 불분명하다. 게다가 문제집의 정답률로 확인되는 실력과 시험에서 발휘되는 실력이 다른 경우도 많아서 더욱 혼란스럽다.

÷

실력에 관한 '감' 잡기

실력에 관한 감을 잡을 수 있도록 경험적인 기준 점수를 말하면,《쎈》(좋은책신사고) 시리즈 초등 수학의 90%를 혼자서 풀 수 있으면 한 학기를 아주 우수한 수준으로 잘 마무리했다고 볼 수 있다.《쎈》수학의 경우 A, B, C단계로 난이도가 구분돼 있다. 난이도에 따라 정도가 다르지만 80~100% 정도는 시험을 치는 것 같은 환경에서 혼자 풀어서 맞힐 수 있어야 한다. 다른 어려운 책도 너무 많으므로《쎈》수학 정도는 어렵지 않다고 생각할 수도 있다. 그러나 더 어렵다고 평가되는 문제집을 풀었다고 자신 있게 말하는 학생 중 실제 시험에서 90%를 맞히는 경우는 과열 학군이라 불리는 대구 수성구에서도 많이 보지 못했다.

모든 학생이 이 정도 수준으로 한 학기를 마무리할 수는 없다. 그러므로 한 학기를 공부하는 동안은 각자 실력에 맞는 목표를 정하고 최선을 다해서 노력하면 된다. 그러면서 조금씩 실력이 늘어나게 된다. '그러면 《최상위 수학 S》, 《최상위 수학》(디딤돌)은 안 풀어도 되는 거야?'라고 생각할 것이다. 아니다. 풀어야 한다. 어떤 학생은 《개념+유형》(비상교육)만 풀고도 실력이 충분한 학생도 있고, 《최상위 수학》을 풀고도 실력이 부족한 경우도 많다. 《최상위 수학》 교재의 가장 어려운 문제인 '하이 레벨' 부분까지 하고야 잘 소화한 수준이 되기도 한다. 명심해야할 것은 문제집을 풀어 본 경험을 쌓는 게 목표가 되어서는 안된다는 점이다. 실력은 문제집을 풀어 본 경험으로 알 수 있는 것이 아니라 오직 시험으로만 측정된다.

초등학교, 중학교, 고등학교 수학을 공부하는 것은 집을 짓는 과정과 같다. 초등 수학은 기초고, 중등 수학은 기둥이며, 고등 수학은 지붕이다. 기초 없이 기둥은 있을 수 없고, 튼튼하지 않은 기둥 위에 지붕을 올릴 수는 없다.

초등 수학의 시작은
닥치고 심화

아이가 초등학교에 입학하고 수학 학원을 갈 때가 되면 부모는 선행 학습을 얼마나 빠르게 해야 하는지, 얼마나 어려운 책을 풀어야 하는지를 가장 궁금해한다. 그래서 인터넷 학습 카페에는 선행 학습, 심화 학습에 대한 질문이 매일매일 쏟아진다. 관련 질문이 많다보니 굳이 질문하지 않고 게시판에서 검색만 잘해도 대략적인 답을 얻을 수 있다. 매년 처음으로 학부모가 된 엄마, 아빠가 수십만 명이니 이해하지 못할 바는 아니다.

　선행 학습과 심화 학습 중 우선시해야 하는 것은 무엇일까? 결론은 정해져 있다. 무조건 심화 학습부터 하는 것이다. 여기서 심화는 '잘 알려진 어려운 책 풀기'가 아님을 이젠 설명하지 않아도 알 것이다. 다른 이유는 없다. 수학은 어려운 문제를 푸는 싸움이지 미리 많이 배우는 싸움이 아니기 때문이다. 실력은 없고 진도는 많이 나간 초등학교 고학년 학부모에게서 많이 듣는 말은 "우리 애는 어려운 문제, 문장으로 된 문제를 안 풀려고 해요."다.

이게 무슨 말인가? 저학년 때부터 쉬운 문제만 풀다 보니 실력은 없고 고학년이 돼서 풀려고 하니 태도도 잡히지 않아서 쉽게 포기한다는 말 아닌가. 공부는 태도가 전부다. 그중에서 수학 공부는 더 그렇다. 어려운 문제를 조금씩 풀면서 실력이 쌓이는 과목이 수학이다. 그러니 수학을 시작하는 초등 저학년의 학습은 조금씩 어려운 문제에 노출해 틀린 문제, 못 푼 문제를 해결할 수 있도록 해야 한다. 학년만 올라가면 너도나도 풀게 되는 쉬운 문제를 미리 푸는 것을 우선시해서는 안 된다. 물론 선행 학습으로 먼저 진도를 빼고 나중에 심화를 해도 아무런 문제가 없는 경우도 있다. 수학적 감각이 뛰어난 아이의 경우가 그렇다. 하지만 실제 그런 학생은 열에 1~2명이 채 안 된다는 사실을 명심하자.

초등학생 때부터 그렇게 많은 시간을 투자해 내달린 진도는 고등학교 1학년이 되는 순간 현행 학습으로 깔끔하게 수렴된다. 선행 학습을 했건 안 했건, 모두가 특정 범위에 대해서 시험을 치게 된다. 이 또한 해당 범위에 대해서 누가 어려운 것을 풀

어낼 수 있는지를 가리는 승부지, 진도를 얼마나 빨리, 많이 나
갔느냐를 겨루는 것이 아니다. 그럼 무조건 선행 학습을 하지 말
라는 것인지 묻는 이도 있을 수 있다. 자, 이번 꼭지의 제목을 다
시 보자. 초등 저학년이 이제 막 수학 공부를 제대로 시작하려
한다면 방향은 무조건 '심화' 쪽을 택해야 한다.

$$\begin{matrix} \wedge & & \wedge \\ \times & & + \\ = & \pm & = \end{matrix}$$

두 번째 단추는 중1 수학

첫 번째 단추는 초등 수학이다. 그리고 두 번째 단추는 중등 수학이 아니라 중학교 1학년 수학이다. 자유학년제가 시행되기 전에는 중학교 1학년 1학기 중간고사가 끝나고 나면 이런 이야기를 많이 들었다.

> *"겨울 방학부터 신나게 놀던데, 그냥 됐어요. 이번에 뜨거운 맛을 한 번 봤으니까 정신 차리겠죠."*

어느 날 갑자기 엄마 손을 꼭 잡으며 "어머니, 중학교에 가서 수학을 잘하기 위해서는 지금 중학교 수학 공부를 시작해야 해요. 좀 시켜주세요. 열심히 할게요."라고 말하는 초등학생이 과연 몇 명이나 되겠는가?

정말 뜨거운 맛을 보면 정신을 차릴까? 아니, 입천장만 까진다. 중학교 진학 후 치는 첫 시험이 그렇다. 시험을 못 치면 정신을 차리는 게 아니라 그 상처가 깊이 남아서 두고두고 애를 먹인다. 자기 주도 학습이 시작되는 중요한 조건 중의 하나가 공부에 대한 자신감인데, 그 자신감의 크기는 첫 시험 결과에 달려 있다. 이런 이유로 중학교 진학 후 치게 되는 첫 시험의 결과가 갖는 의미는 상당히 크다.

결국 또 일찍부터 선행 학습을 하라는 이야기 아니냐고 넘겨짚을 수도 있다. 하지만 이는 본질을 모르고 하는 말이다. 중학교 1학년 수학, 특히 1학기에 대한 준비는 난이도의 점프에 대한 대비이기 때문에, 양적 배분을 주목적으로 하는 선행 학습과는 본질부터 다르다. 그렇다고 어중간한 초등 수학 실력으로는 일찍 중등 수학을 시작한다 해도 별로 효과가 없다. 그러니 수학을 잘하는 아이로 키우고 싶다면 선행 학습보다는 바른 심화 학습으로 초등 수학 실력을 탄탄하게 다지는 것이 필요하다.

÷

모르면 다시 공부하라

2022년까지 대부분의 지역에서 실시되던 자유학년제는 2023년부터 축소되고 있고 지자체별, 학교별로 1학년 1학기 혹은 1학년 2학기에 공식 지필고사가 다시 실시되는 분위기다. 중학교 1학년 수학은 중·고등 수학의 시작점이라는 뜻도 있지만 중학교에 진학해서 치는 첫 시험이라는 의미 또한 무시할 수 없다.

그래서 중학교 1학년 수학에 대한 준비는 특히 주도면밀해야 한다. 시험은 잘 치면 좋다. 특히 상급 학교에 진학 후 치는 첫 시험은 더욱 그렇다. 왜냐하면 첫 시험을 잘 쳤을 때 생기는 효과가 정말 어마어마하기 때문이다. 주도면밀한 계획을 짜라는 말은 남들이 하는 만큼 많이 시키고 똑바로 안 했는지 확인해 잔소리를 하라는 말이 절대로 아니다. 집에서 '공부'라는 말은 들리지 않을수록 좋다.

결론적으로 말하자면 중등 수학은 난도가 갑자기 올라가기 때문에 진도 위주의 어설픈 선행 학습으로는 제대로 익힐 수 없다. 수학을 잘할 수 있는 학생임에도 불구하고, 급한 선행 학습으로 인해 중학교 1학년 내용도 충분히 이해하지 못한 상태에서 2~3학년 과정을 배우느라 시간을 허비하는 경우를 너무 많이 보았다. 그리고 나서는 첫 시험에서 뜨거운 맛을 보게 된다. 안타깝게도 남는 것 없이 고생만 한 셈이다.

공부해도 잘 모르는 부분이 있다면 그 부분을 다시 보는 것이 상식이다. 중학교 1학년 과정을 잘 모르면 그 부분을 다시 공부하는 것이 가장 효율적이고 효과적이다. 그런데 어찌 된 일인지 그보다 어려운 2~3학년 수학을 하면 모르는 부분이 잘 채워질 것이라고 막연하게 생각하는 경우가 많다. 그런 방식으로 시간을 보내고 나면 2~3학년 수학은 물론이고 1학년 수학조차도 잘 모르는 경우가 부지기수다.

÷

일단 완벽하게 소화하라

중학교 수학을 준비할 때, 어차피 여러 번 공부할 거니까 지금은 대충 넘어가도 된다고 여기는 자세도 좋지 않다. 반복 학습은 '모르는 건 일단 넘기고 다음에 다시 본다'라는 방식이 아니라 '지금 완벽하게 소화한 다음에 난이도를 높이는' 방식이어야 한다. 모르거나 틀린 문제를 이해하려는 노력 없이 넘긴다면 후속 내용도 정확하게 이해하지 못하고 실력도 늘지 않는다. 수학은 위계성이 있어서 기초가 중요하다고 하지 않던가. 허투루 들을 말이 아니다.

초등 수학을 등한시하는 경우도 많다. 하지만 감히 말하건대 가장 중요한 것이 초등 수학이다. 수학은 잘하던 아이가 계속 잘하는 경우가 대부분이다. 간혹 못하던 아이가 갑자기 치고 올라오는 경우도 있지만, 흔하지 않다. 결국 초등 수학의 실력은 중등 수학으로 연결되고 고등학교까지 지속된다. 초등 수학을 공부하면서 기초 실력이 다져지기도 하지만 공부하는 방법과 태도 또한 익히게 된다. 이것이 공부의 핵심 아닌가.

난이도의 급격한 변화를 고려한다면 중학교 1학년 수학은 여러 번 반복 학습할 수 있도록 학습 계획을 세우기를 권한다. 적어도 중학교 2학년 1학기가 시작되기 전 1학년 때는 여러 난이도를 충분히 풀 수 있도록 하는 것이 좋다. 여러 번 공부하느라 처음엔 진도가 느려 보일 수 있지만, 시간이 갈수록 진짜 실력의 진가가 드러나기 시작할 것이다.

튼튼한 초등 수학 위에 잘 쌓은 중학교 1학년 수학 실력은 단단하게 뭉친 한 주먹의 눈 뭉치이며, 한 바가지의 마중물과 같다. 별것 아닌 것처럼 보이지만 이것들이 모여 커다란 눈사람이 되고 힘찬 물줄기가 올라오게 된다. 공부에 대한 자신감과 욕심은 진도에서 오는 것이 아니라 진짜 실력에서 비롯된다.

중등 수학 준비

꼭 무엇을 해야 준비를 잘하는 것은 아니다. 때로는 하지 않는 것이 좋은 준비가 되기도 한다. 요즘처럼 다들 선행 학습에 힘쓰는 시기에도 그것을 하지 않는 것이 오히려 도움이 되는 학생이 더 많다.

일단 중등 수학을 미리 준비하는 데 가장 먼저 갖춰야 하는 조건은 초등 수학 실력이다. 나는 지금까지 초등 수학 실력이 좋지 않았는데 중등 수학을 일찍 시작해서 수학을 아주 잘하게 된 학생을 단 한 명도 본 적이 없다. 중등 수학을 미리 준비하지 못했지만, 중학생이 되어서 실력이 눈에 띄게 향상되는 경우는 가끔 있다. 이 학생들은 모두 초등 수학 실력이 아주 탄탄했다. 진도만 좀 늦었을 뿐 실력은 좋았던 것이다.

초등학생의 경우에는 내가 말하는 '좋은 실력'이 어느 정도인지에 대한 감이 오지 않을 것이다. 그래서 실력을 확인하기가 쉽지 않을 수 있다. 실력을 확인하는 가장 쉬운 방법은 시험을 치는 것이다. 인근 학원에서 레벨 테스트를 쳐 보고 결과를 보거나 내가 서비스하는 '홈 테스트'에 응시해 보면 된다. 인근 학원에서 말하는 실력과 내가 말하는 실력에는 차이가 있을 수 있다. 이 책을 읽고 실력을 확인하고자 한다면 일반 학원의 레벨 테스트보다는 '홈 테스트'가 조금 더 낫다.

초등 과정에 대한 실력이 좋지 않으면 남들이 하는 선행 학습에 관심을 보일 때가 아니다. 실력이 없는 이유를 빨리 파악해서 그 부분을 채우는 데 집중해야 한다. 실력이 부족할수록 초등 수학의 부족한 부분을 채우는 데 더 집중해야 한다. 이것이 추후 중등 수학을 배울 때 조금이라도 수월하도록 돕는 방법이다.

초등학교를 졸업하기 전에 이미 초등 수학을 더 이상 공부할 필요가 없는 수준에 도달했다면, 그때 중등 수학을 시작하면 된다. 더는 공부할 필요가 없어서 다음 단계로 넘어가는 것이 무슨 문제인가. 문제되는 선행 학습이 아니라 오히려 학생의 실력에 맞는 좋은 학습이다. 선행 학습을 하는 것이 잘못인 경우는 초등 수학을 더 공부해야 하는 학생이 빨리 중등 수학을 시작하는 경우다.

÷

실력에 맞는 학습법 찾기

앞서 언급했듯이 중학교 1학년 과정을 잘 모르면 2~3학년 과정을 이해하는 것은 더 어렵다. 선행 학습을 하면서 이전에 배웠던 것에 깊이가 깊어지는 현상은 이미 실력이 좋은 학생에게나 일어난다. 1학년 과정에 대한 심화 학습을 2~3학년 과정에 대한 선행 학습보다 먼저 한다고 해서 전체적인 진도가 늦어지지도 않는다. 오히려 1학년 수학에 대한 이해도가 깊어졌기 때문에 2~3학년 수학을 더 빨리 끝낼 수 있다. 그러니 전체적으로 손해 볼 일은 전혀 없다. 초등 수학을 잘하지 못하면 중등 수학을 미리 공부할 의미가 없는 것처럼, 1학년 수학을 잘하지 못하면 그 이상의 선행 학습 역시 의미가 없다.

모든 보약이 다 몸에 좋지는 않다. 다른 사람에게는 약이라도 나에게는 독이 될 수 있다. 선행 학습도 똑같다. 더 정확하게는 실력에 맞지 않는 모든 학습이 그렇다. 실력이 좋으면 어떤 방식으로 중등 수학을 준비해도 큰 문제 없이 결국 잘하게 된다. 하지만 그런 학생들은 최대 4% 정도밖에 되지 않는다. 그러니 나머지 학생들은 어떻게 중등 수학을 준비하느냐에 따라 결과에서 큰 차이가 발생할 수 있다.

초등학교 때 열심히 하지 않던 공부를 중학교에 진학해서 갑자기 더 열심히 하는 학생은 찾기 어렵다. 중·고등학생 때 공부를 잘하는 가장 쉬운 방법은 초등학생 때부터 갖춘 좋은 실력을 유지하는 것이다. 대부분 초등학생 때부터 잘하던 학생이 끝까지 잘한다. 그래서 가장 현실적이고 안정적인 방법은 초등학생이 초등 수학을 잘하도록 하고, 그 위에 중등 수학을 올리는 것이다. 물론 초등 수학이 마무리되는 시기는 학생마다 다르니 남들이 어떻게 하는지를 보는 것보다 내 아이가 어떻게 하고 있는지를 세심하게 확인하는 것이 필요하다.

$$\begin{matrix} \wedge & & \wedge \\ \times & & + \\ = & \pm & = \end{matrix}$$

중학교 1학년 1학기 수학은
원래 어렵다

우리 학원에서는 6학년이 중학교 1학년 1학기 과정을 1회 학습하고 나면 레벨 테스트를 치도록 한다. 학생들의 학습 수준을 나도 점검하고, 학생들도 자신의 실력을 확인할 수 있도록 하기 위함이다. 일반적으로 쉽다고 여겨지는 시중 교재에서 선별한 30문제를 숫자 하나 바꾸지 않고 그대로 출제한다.

결과는 어떨까? 놀랍게도 예비 1등급 학생도 90% 이상을 맞히는 경우는 매우 드물다. 70% 정도만 맞혀도 나쁘지 않은 수준이다. 70%가 좋지 않은 성적으로 보일 수 있지만, 객관적으로 그 정도면 괜찮은 수준이다. 그간 쌓아둔 데이터에 근거한 평가다. 최상위권 학생이 평균적으로 쉬운 문제집의 70% 정도를 맞히니 '중학교 1학년 1학기 과정은 어렵다'라고 말해도 과언이 아니다.

최상위권이 아닌 경우의 결과는 더 나쁠 수밖에 없다. 대략 예비 2등급 수준 학생들의 정답률은 대략 50~60%이다. 공부하면서 풀었던 문제집의 문제를 절반 정도 맞히는 수준이 2등급이 될 학생들이다. 그러니 그 이하의 실력을 갖춘 학생이면 얼마나 어렵겠는가. 2등급의 이내의 학생이 상위 11%이므로 그 외 90% 정도의 학생에게 처음 접하는 중학교 1학년 1학기 수학은 정말 어렵다. 그렇다고 미리 좌절할 필요는 없다. 50%를 맞히고도 6년이 지나 서울대에 입학한 학생도 있었으니까.

이렇게 어려운 1학년 1학기 과정을 대충 1~2번 공부했다고 1학년 2학기, 2학년 1학기로 넘어가는 것이 과연 가능한 것인가? 많은 학원에서 주장하는 것처럼 중학교 2학년 1학기, 3학년 1학기 과정을 하다 보면 진짜 1학년 1학기에서 놓쳤던 부분을 잘 알게 되는 것일까?

나는 동의하지 않는다. 중학교 2학년 중위권 학생은 2학년 수학을 배웠지만 1학년 수학의 어려운 문제를 풀지 못하고, 3학년 중위권 학생 역시 1~2학년 수학의 어려운 문제를 잘 풀지 못한다. 이런 학생들이 각 학년에 몇십만 명씩 있다. 이 정도면 2~3학년 과정에 대한 선행 학습 능력과 1학년 수학의 심화 문제를 푸는 능력은 별개라는 근거로 충분하지 않은가? 쉬운 문제를 미리 좀 풀어보는 것이 곧바로 실력이 되지는 않는다.

÷

아이의 실력 세심하게 살펴보기

중학교 1학년 1학기 수학은 어려우므로 90% 이상의 학생들은 개념 학습용으로 구분된 교재로 학습하는 것이 좋다. 물론 상위 10% 이내의 학생들 역시 개념 교재를 사용한다고 해서 손해 볼 일은 없다. 실력이 좋으면 문제를 빨리 풀게 되므로 교재가 빨리 끝날 것이고, 이후에는 좀 더 어려운 문제집으로 난이도를 높이 면 된다. 학원 입장에서는 학부모가 원하니까, 혹은 조금 어려운 교재를 사용하는 것이 학부모에게 어필하기 좋으니까 개념 수 업부터 내신 대비에 쓸 수 있는 유형별 교재를 사용하는 경우가 있다. 그러나 일반적으로 중학교 1학년 수학을 처음 공부하는 학생에게 아주 좋은 방법은 아니라고 생각한다.

아이가 초등 수학은 잘했던 것 같은데 중등 수학을 시작하고 나 서 너무 힘들어하고 있는가? 그렇다면 가능성은 2개다. 실제 학 생의 실력이 부모의 생각보다 낮거나, 교재가 실력보다 너무 어 려운 경우다. 전자의 경우, 현행 학습의 복습에 더욱 집중하고 선행 학습은 중단해야 한다. 그리고 초등 수학에서 부족한 부분을 더 채워가면서 그 문제를 다시 틀리지 않을 때까지 반복하는 학습 태도를 길러야 한다. 후자의 경우에는 중등 수학을 공부하는 첫 교재를 개념 교재가 아닌 유형별 문제집을 사용해서 힘들어하는 상황일 수 있는 것이다. 이럴 때는 교재를 바꾸는 것으로 조금 수월하게 해결할 수 있다. 그러니 중등 수학을 시작하고 아이가 많이 힘들어한다면 그냥 더 열심히 하라고 말하기 전에 어떤 상황인지 세심하게 들여다보는 것이 필요하다.

중학교 2학년 선행보다
1학년 1학기 심화를 먼저

"이전 학원에서는 우선 3학년 2학기까지 진도를 나가고,
다시 1학년 1학기부터 심화 학습을 한다고 해서 일단
진도만 쭉 나갔어요."

이런 식으로 진행되는 선행 학습 수업은 꽤 많다. 실력이 객관적
으로 아주 좋은 학생이면 어떤 형태의 수업도 상관이 없겠지만,
만약 실력이 부족한 학생이면 언급한 방식의 수업은 중학교 3년
과정의 수학을 전부 날림으로 공부하게 될 가능성이 있다. 결론
부터 말하자면 아이의 실력과 상관없이 실패할 가능성이 적은
방향은 2학년 과정을 시작하기 전에 1학년 1학기를 여러 번 공

부하는 것이다.

중학교 2학년 과정을 시작하기 전에 1학년 1학기 과정을 여러 번 공부해야 하는 이유는 3개다. 첫 번째 이유는 수학의 근본적인 구조인 '위계성' 때문이다. 수학은 이전 학년의 학습이 잘되어 있어야 다음 학년의 학습을 잘할 수 있는 과목이다. 그래서 '선행 학습을 하다 보면 현행 학습이 다져진다'라는 말에 나는 동의하지 않는다. 현행 학습을 아주 잘 소화하고 있는 최상위권 학생이 선행 학습을 하면서 수학적으로 깨닫는 바가 있을 수는 있지만, 실력이 없는 학생이 선행 학습을 통해서 실력이 올라가거나 현행 과정에 대한 머리가 트이는 경우는 결단코 없다.

두 번째 이유는 진도를 나가는 측면에서 효율적인 방법이기 때문이다. 수학 문제를 개념-응용-심화 문제로 나누어 보자. 초등학생이 중등 수학을 선행 학습할 때, 중학교 1학년 1학기에 대해서 응용 학습을 마친 후 바로 심화 학습을 하면 사고의 연속성이 유지되어 그 내용에 대한 이해력이 높아진다. 진도만 나가느라 중학교 1학년 내용을 잊어버렸다는 이야기는 나올 수 없는 구조이다. 이는 다음 학년 수업을 이해하는 데 크게 도움이 되므로, 최종적으로 보면 개념 위주로 중학교 3학년 과정까지 진도를 나갔다가 다시 중학교 1학년으로 돌아와 심화를 하는 것과 비교해 절대 느리지 않다. 실력은 곧 이해력을 의미한다. 실력이 좋으면 새로운 것을 배울 때 빨리 알아듣게 된다. 그래서 오히려 목표한 진도와 깊이를 소화하는 데 필요한 시간을 줄여줄 수도 있다. 그러니 2학년 1학기를 시작하는 시간이 좀 뒤로 늦춰진다고 해서 전체적인 학습 기간이 늘어나거나 지연되지 않는다.

세 번째 이유는 아이의 실력을 제대로 파악하여 학습 계획을 세우는 효율적인 방법이기 때문이다. 초등학교의 경우 일부 사립 학교를 제외하고 학교에서 시험을 치지 않기 때문에 학생의 실력을 정확하게 파악하기 어렵다. 그래서 대충 파악하고 있는 상태로 선행 학습을 진행하는 경우가 많다. 하지만 실력이 충분하지 않으면 선행 학습은 하지 않는 것이 좋다.

시간이 지난 후에 많은 시간과 비용을 투자한 선행 학습이 아무런 도움이 되지 않았다는 것을 깨달으면 당황스럽다. 2학년 과정을 시작하기 전에 1학년 1학기 심화 수준 문제를 잘 소화해야 실력에 대한 불확실성이 제거된다. 이때는 실력이 충분히 좋은 것이 확인되었기 때문에 선행 학습을 해도 크게 문제가 되지 않는다. 아이가 심화 수준의 문제를 제대로 소화하지 못한다면 실력이 좋지 않은 것이므로 이 경우에도 불확실성은 제거된다. 확인된 실력에 근거하여 불필요한 선행 학습은 지양하고 부족한 1학년 과정을 더 공부하도록 학습 계획을 세울 수 있다.

÷

속도가 아니라 실력에 집중하라

초등 과정의 실력으로 중등 과정의 실력을 예상하는 것은 어느 정도 가능하지만, 초등 수학에서 중등 수학으로 바뀔 때 난이도 점프가 발생한다. 그래서 어떠한 계획으로 학습을 하느냐에 따라 좋은 실력을 잘 유지할 수도, 그렇지 못할 수도 있다. 이런 현상은 난이도 점프가 다시 발생하는 고등학교 진학 시에도 일어난다. 마찬가지로, 고등학교에서 해야 할 공부가 많다는 이유로 실력을 뛰어넘는 빠른 선행 학습을 하면 한 과목을 천천히 꼼꼼하게 공부한 것보다 머리에 남는 것이 없다.

아직 아이가 초등학생이고 선행 학습을 하고 있다면, 너무 그 속도에 방점을 두지는 않았으면 좋겠다. 기준은 언제나 실력이 되어야 한다. 실력이 좋으면 진도는 빨라도 된다. 그렇지 않으면 느리게 가야 한다. 중학교 1학년 1학기는 그 속도를 결정해주는 시금석 같은 과정이다. 중학 수학의 첫걸음인 1학년 1학기를 단단하게 하는 것은 실력과 진도, 두 가지 측면에서 모두 효율적이고 효과적이다.

어려우니까 일찍 배우고
여러 번 반복해야 한다

"고등학교 수학은 양이 많고 어렵다. 그래서 일찍 선행 학습을 해서 고등학교 가기 전에 여러 번 봐야 한다."

아이의 수학 공부에 조금이라도 관심이 있다면 다들 한 번쯤은 들어봤을 말이다. 실제로 고등 수학은 어렵고 양도 많다. 고등학교에 가기 전에 여러 번 보고 가면 좋은 성적을 받을 가능성이 크다. 그래서 이 말을 철석같이 믿고 그렇게 학원을 보내고 과외도 하는 거다. 틀린 말이 하나도 없는 저 말에는 아주 중요한 문구가 생략되어 있다. "고등학교 수학은 양이 많고 어렵다. 그래서 '실력이 아주 좋으면' 일찍 선행 학습을 해서 고등학교 가기 전에 여러 번 봐야 한다."

'실력이 아주 좋으면'이라는 말을 넣으면 그 대상은 최상위권으로 한정된다. 그래서 사교육계에서는 생략된 말을 정확하게 말하지 않는다. 최상위권으로 한정하면 대상은 4%로 혹 줄어들기 때문이다. 상위권이라고 해도 2등급까지 포함하면 전체 학생의 11% 정도다. 10명 중의 1명. 여전히 선행 학습을 팔아서 돈을 벌기에는 많이 부족하다.

실력이 부족한 학생들에게 '어려우니까, 시간이 부족하니까 선행 학습을 해야 한다'라는 말을 하는데, '선행 학습을 하면 정말 실력이 좋아진다'라는 말은 하지 않는다. 실력이 없는 학생들이 선행 학습을 해서 실력을 올릴 수 없다는 것을 다들 알기 때문이다. 그럼에도 선행 학습이 꼭 필요하다며 권한다. 학생의 최종 목표는 '실력의 향상'이지만, 학원의 목표는 '수익의 향상'이기 때문이다. 선행 학습을 강요하는 학원이 있다면 이 2개를 당당하게 물어보길 바란다.

"지금 배우는 것도 잘 모르는데 선행 학습을 하면 실력이
좋아지나요?"
"선행 학습을 하면 왜 실력이 좋아지나요?"

이 질문에 정확하게 대답을 해 주고, 그 대답에 정말 공감이

간다면 그 학원에 보내도 된다. 하지만 단언컨대 그런 학원은 없을 것이다.

÷

미리 배운 것이 실력은 아니다

학교 성적은 학생의 현행 학습 실력을 가름하는 척도다. 지역과 학교에 따라 중간·기말고사의 난이도 편차가 크므로 학교 점수를 보고 비전문가인 학부모들이 정확한 실력을 판단하기는 쉽지 않다. 특히 학군지가 아니라면 더 그렇다. 이런 경우는 인근 학군지의 학원에서 레벨 테스트를 받아 보길 바란다. 레벨 테스트로 확인된 성적이 좋으면 앞으로의 성적도 좋을 가능성이 크다. 현재의 성적이 좋지 않은데 선행 학습을 했다는 이유만으로 미래에 성적이 올라가지는 않는다. 만약 나중에 성적이 오른다면 그것은 시험 범위에 관한 공부를 열심히 해서 그런 것이지 선행 학습을 했기 때문이 아니다. 성적이 좋은 중학생은 초등학생 때부터 성적이 좋았던 학생이 대부분이고, 이는 고등학생도 마찬가지다.

'어려우니까 일찍 배우고 반복해야 한다'라는 말을 살펴보자. 어려운 내용은 여러 번 공부하면 익숙해지고 문제를 푸는 속도도 빨라지니 전혀 틀린 말은 아니다. 우리가 조심해야 할 부분은 오늘 배우고 있는 내용도 어려워서 잘 모르는데 내년에 배울 내용까지 당겨서 배우도록 하는 것이다. 특히 수학을 배울 때는 이해가 잘 안 되는 어려운 부분은 일단 넘어가고 나중에 다시 보겠다는 자세로 공부하면 안 된다. 배울 때 일단 모두 이해해야 한다. 열심히 공부해도 이해가 안 되면 교재가 수준에 맞지 않거나 아직 학생에게 내용이 너무 어려운 것이다.

같은 내용을 반복하는 이유는 공부할 때 이해는 했지만, 잊어버린 내용을 상기시키고 난이도를 점점 높이기 위함이다. 쉬운 것은 누구나 한번에 이해할 수 있다. 그러나 어려운 내용을 한 번에 알아들으려면 복잡한 것에 대한 해석 능력을 갖추고 있어야 한다. 그래서 심화 문제를 순서에 맞게 잘 풀어내는 능력이 있는 학생만이 필요에 따라 선행 학습을 할 수 있고, 그런 능력이 없으면 그 능력을 키우기 위한 현행 학습에 집중해야 한다. 만약 중학생이 초등 수학을 잘 몰라서 중등 수학을 공부하는 데 문제가 있다면, 후행 학습으로 초등 수학을 공부해야 한다. 부끄럽게 생각할 일이 아니다. 나는 이를 '맞춤 학습'이라 부른다. 실력에 맞는 학습이라면 현행 학습, 선행 학습, 후행 학습 모두가 맞춤 학습이다.

어려운 것을 한 번에 알아들을 수 있는 이해력이 높은 성인으로 성장시키는 것이 최종 목표 아닌가? 그러면 평소에도 한 번에 알아듣는 능력을 키우는 방향으로 학습이 진행되어야 한다. '어차피 다시 볼 거니까'라는 생각으로 공부를 시작하면 결국 여러 번 보고도 제대로 알지 못하는 상황에 봉착한다. 수학은 무수한 작은 봉우리로 이루어진 큰 산이다. 열심히 노력하면 이해할 수 있는 수준의 학습을 지속하는 것이 수학 실력을 쌓는 방법이다. 이렇게 작은 봉우리를 계속 넘다 보면 어느새 산의 정상에 이르게 된다.

'나무만 보고 숲을 보지 못한다You cannot see the wood for the trees'라는 유명한 외국 속담이 있다. 성인이 되어 경험하는 사회는 항상 넓고 멀리 보는 시각을 강요한다. 그래서인지 학부모들은 아이의 수학 공부까지 그렇게 보는 경향이 있다. 하지만 자녀의 학습 과정은 좀 다르다. 잘 가꾸어진 아름다운 숲을 상상할 필요가 없다. 숲의 크기와 나무의 종류는 이미 정해져 있기에 내 눈앞의 나무 한 그루를 잘 키우는 것이 더 중요하다. 한 그루 한 그루를 잘 살려서 가꾸면 결국 멋진 숲이 완성될 것이다.

인터넷의 어디선가 봤던 의미 있는 말이 있다. '미리 배운 것이 실력은 아니다'

고등학교 수학 준비

2015학년도 개정 교육과정이 실시되면서 문·이과 통합이라는 용어가 등장했다. '통합'이라는 용어 때문에 마치 문·이과의 구분이 없어져서 모든 학생이 똑같이 배우는 것으로 착각할 수 있다. 그러나 여전히 대학에서 이학·공학·의학 등을 전공하려는 학생들은 인문·사회 등의 계열을 지원하는 학생에 비해 수학·과학을 더 많이 공부해야 한다. 그렇다 보니 자연 계열을 지원하는 학생의 경우 고등학교 과정에 대한 선행 학습은 필수라고들 한다. 과연 그럴까?

학습 태도와 실력이 잘 갖춰진 중학생은 이미 체계화되어 있는 사교육 시장을 이용하여 필요한 과목을 선행 학습하면 된다. 학습 태도가 갖춰졌다는 것은 숙제-복습 사이클을 통해 스스로 공부하는 습관이 완성되었다는 의미다. 이런 학생에 대해서는 더 이야기할 거리가 없다. 가용한 시간을 이용해서 반복 학습을 통해 실력을 점검하며 교재의 난이도를 높이면 된다.

문제는 현재 자기 학년 시험 점수가 잘 나오지 않는 학생들이다. 우선순위를 어디에 둬야 하는가? 나는 현행 학습을 통해 숙제와 복습하는 습관을 체화하는 것에 집중하라고 말하고 싶다. 현행 과정의 낮은 시험 점수는 자기 주도적인 학습 능력이 부족하다는 것을 보여주는 강력한 증거다. 이를 방치하고 고등학교에 입학해서는 성적의 큰 변화를 기대하기는 힘들다. 진도에 대한 근거 없는 압박에 떠밀려 중학교 때 선행 학습을 한다 해도 그 내용을 제대로 이해하고 기억하기는 어렵다. 이와 관련된 일화가 있다.

"선행은 어디까지 했니?"
"수1, 수2까지 했습니다."

이때 옆에 있던 엄마가 끼어든다.

"너 미적분, 확통 다 했잖아."
"아니, 수1, 수2까지만 했다."

"그때 수학 도사 쌤하고 확통까지 다 했는데 뭐라는 거야. 정신이 있니 없니?"

"엄마, 나 미적분, 확통 하나도 몰라."

지금은 대학생이 된 민철이를 처음 상담했을 때의 일이다. 고등학교 1학년 막바지에 만난 민철이의 모의고사 성적은 1등급이었다. 그럼에도 바쁘게 선행 학습으로 해치운 2과목에 대해서 아무것도 모른다고 했다.

조급함을 버리고 성실히 숙제하고 틀린 문제를 집요하게 복습하는 과정을 통해 아이의 학습 능력을 향상시키는 데에 집중하자. 이 능력이 좋아지면 그만큼 예습하는 시간도 줄어들고 집중력이 좋아진다. 고등학교의 매 학기 시작 전 강도 높은 예습을 통해 충분히 그다음 학기를 대비할 수 있다는 이야기이다. 미리 선행 학습을 하지 않아도 고등학교 내신 방어가 가능하다.

시기별 유의사항 1
— 중학교 1학년

중학교에 입학한 첫해는 지역별로 자유학년제 또는 자유학기제로 운영된다. 이 기간에는 공식 지필고사가 없다. 시험이 없으면 학생들이 공부를 덜 하게 되고, 제도를 효과적으로 운영하기 위한 전문 인력과 프로그램이 부족한 상황을 이유로 자유학년제 시행 이전으로 돌아가길 바라는 학부모들이 많다.

특히 학습의 관점에서 그런 요구가 더 큰데, 최상위권 학생들은 시험의 여부와 상관없이 빡빡한 학습을 꾸준히 소화하지만, 그 외 학생들의 학습 태도는 시험의 유무에 많은 영향을 받기 때문이다. 평소 열심히 하지 않던 학생도 중간고사, 기말고사라는 이름에 압박감을 느낀다. 그래서 시험 대비 기간에 학원과 집에서 감당해야 하는 학습의 양이 더 늘어나도 아이들은 큰 불만 없이 소화한다. 100% 자발적인 학습은 아니지만, 시험 대비를 위해 공부에 집중함으로써 부족했던 부분이 채워지는 효과는 분명히 존재한다.

자유학년제, 자유학기제 시행으로 인해 시험이 없는 학기에 부모들은 애가 탄다. 부모들은 금방 2학년이 되어 본격적으로 시험을 치게 될 상황을 알기에 걱정한다. 하지만 정작 시험을 치는 당사자인 아이들은 아무 생각이 없다. 시험 공부하는 기간이 없어서 빈둥거리는 아이의 모습을 보느니, 차라리 사교육이라도 빡빡하게 시켜서 눈앞에서 그런 모습을 치워버리려고도 한다. 결국, 부모들은 초등학생 때 남들만큼 하지 못해 마음을 무겁게 했던 선행 학습을 선택하는 경우가 많다. 하지만 시간이 흘러 중2가 되었을 때, 그 선택으로 인해 1학기 중간고사부터 상상도 못한 점수를 받게 되기도 한다.

모든 학생이 중학교 1학년 1학기에 공식 지필고사를 치던 시절 나는 그중에서도 1학기 중간고사를 정말 중요하게 생각했다. 그 이유는 첫 시험을 잘 쳤을 때의 동기부여 효과가 정말 크기 때문이었다.

선행 학습을 많이 하지 않은 어떤 학생이 있다. 다른 친구들처럼 2~3학년 과정은 배운 적이 없지만 적어도 첫 시험 범위에 대해서는 아주 확실하게 준비를 했다. 그래서 첫 시험을 아주 잘 치게 되었다고 하자. 학생은 어떤 기분이고 어떤 생각과 태도를 보이게 될까? 우선 아주 기쁠 것이다. 선행 학습을 많이 한 다른 아이들보다 좋은 성적을 받았으니 자신이 매우 자랑스러울 것이다. 그러니 다음 시험도 아주 잘 치고 싶을 것이다. 그래서 부모가 공부하라며 한마디 하지 않아도 알아서 책상에 앉아서 수학 문제를 풀게 될 것이다.

÷

첫 시험에 집중하라

2023년은 과도기적 시기다. 1학년 때 공식 지필고사를 치는 학교도 있고 그렇지 않은 학교도 있다. 이런 상황과 상관없이 1학년 학생의 학습 목표는 첫 공식 시험을 잘 치는 것이어야 한다. 이미 실력이 뛰어나서 시험 전에 몇 주간 공부하는 것만으로 만족할 만한 성적을 받을 수 있는 학생이면 선행 학습이든 현행 학습이든 어떤 공부를 해도 상관이 없다. 여기서 실력이 뛰어나다는 기준은 상위 1~2등급을 말한다. 1등급은 상위 4%이고, 2등급까지 포함하면 상위 11%이다. 그래서 90% 이상의 1학년 학생은 1학년 수학 공부에 더 집중하는 것이 자신의 실력에 맞는 학습이다. 1학년 과정의 기초가 잘 마련되어 있어야 그 위에 2학년 과정을 알차게 올릴 수 있다. 당연히 첫 시험을 잘 치게 될 가능성도 커진다.

본격적인 시험은 2학년 1학기에 시작되니 빨리 2학년 수학을 시작해야 한다고 생각할 수 있다. 그런데 1학년 수학을 대충 공부하고 2학년 수학을 빨리 시작한다고 수학을 잘하게 되는 것이 아니다. 차근차근 1학년 수학을 공부해서 제대로 된 실력을 만든 후 2학년 과정을 시작하는 것이 가장 효과적이다. 똑바로 공부가 안 된 부분은 결국 다시 채워야 한다. 그래서 처음 볼 때 확실하게 마무리 짓는 것이 아주 중요하다.

아이가 중학교 1학년인가? 수학 실력이 좋지 않아서 수학에 자신이 없는가? 그런데 수학은 잘 하고 싶은가? 그렇다면 첫 번째 시험에 사활을 걸어 보자. 첫 번째 시험을 이미 쳤다면 두 번째 시험에 모든 힘을 쏟아 보자. 시험 범위에 들어가지 않는 선행 학습만 붙잡고 있다가 잠시 시험 범위를 공부하는 방법으로는 좋은 성적을 거둘 수 없다. 우물을 파서 물을 마시려면 한 곳을 물이 나올 때까지 깊게 파야 한다. 쓸데없이 이곳저곳 넓게 삽질해봐야 힘만 빠지고 물은 마실 수 없다.

시기별 주의사항 2
— 예비 중학교 3학년(1월)

"저희 학원 현행 반 수업은 선행 학습을 전혀 하지 않는
수업인데 괜찮으시겠어요?"
"네, 다 알고 왔어요. 잘 다지고 가는 게 중요하죠."

아이가 중학생이 된 직후에는 부모가 선행 학습에 대해서 마음
이 너그러운 경우를 자주 본다. 이제 막 중학교 교복을 사 입혔
으니 고등학교는 아직 먼 산에 걸린 구름 같다. 이렇게 여유롭던
마음도 1년만 지나면 슬슬 고등학교에 갈 준비를 해야 할 것 같
아 조바심을 내기도 한다.

하지만 아이들은 막 초등학생 티를 벗었다. 자유학년제 또

는 자유학기제로 1년을 보내고, 2학년이 되어 시험 준비로 바쁘게 학원을 다니다 보면 또 1년이 훌쩍 지나간다. 아이가 3학년이 되면 고등학교 진학이 바로 눈앞인 것 같아서 한동안 잊고 지냈던 선행 학습이 슬슬 눈에 들어오기 시작한다. 이 학원, 저 학원 상담을 다녀보면 "지금까지 왜 이렇게 놔두셨어요."라는 말도 어렵지 않게 들을 수 있다. 그러다 보면 본인이 너무 아이를 방치한 것 같다는 생각도 하게 된다. 기초를 잘 다지는 게 중요하다는 그 신념은 어느새 뇌의 어느 주름 뒤에 숨어서 찾을 길이 없다.

수학 실력이 아주 좋은 학생이 중학교 1,~2학년 때에는 선행 학습을 하지 않다가, 3학년이 되어 선행 학습을 시작하는 것이면 큰 문제는 없다. 물론 이런 학생은 거의 없다. 하지만 언제나 그렇듯 문제는 실력이 충분하지 않을 때 발생한다. 1~2학년 때는 수학 실력이 좋지 않아서 선행 학습을 하지 못했는데 3학년이 되어 급한 마음으로 실력에 맞지 않는 선행 학습을 시작하면 어떻게 될까? 그건 아이가 1~2학년 때 했던 수준만큼의 공부할 기회마저 빼앗는 것이다. 많은 이들이 중학교 3학년 수학을 버리고 고등학교 1학년 수학을 택하는 이유는 고등학교 1학년 1학기 수학이 중학교 3학년 1학기를 다 포함한다는 말을 주변에서 듣기 때문이다.

틀린 말은 아니다. 그런데 문제는 고등학교 1학년 1학기 수학이 중학교 3학년 1학기 수학보다 양이 3배 정도 많고, 개념이 더 어렵다는 점이다. 게다가 중학교를 졸업하기 전에 고1 수학 진도를 마치고자 하는 학생 수가 많을수록 수업의 속도는 빨라지게 된다. 그래서 실력이 부족해서 1~2학년 때 선행 학습을 하지 않은 학생은 빠른 진도와 어려운 개념 때문에 전체적으로 부실한 학습을 하게 될 가능성이 매우 커진다. 중학교 1~2학년에 대한 학습도 똑바로 공부하지 않아서 실력이 좋지 않은 상황이었는데, 3학년이 되었다는 이유로 시작한 선행 학습이 잘 될 리가 없다.

÷

현행 학습에 집중하라

3학년이 되어 그동안 못했던 선행 학습을 하겠다고 2~3달 다른 학원에 갔다가 시험 성적만 떨어져서 다시 돌아온 학생이 여럿 있었다. 떨어진 성적은 제 학년에서 익혀야 할 것들을 제대로 익히지 못했다는 사실을 보여준다. 한 번이라도 수업을 미리 들으면 나을 거라는 안일한 생각은 고등학교 수학뿐만 아니라, 가만히 뒀다면 하던 만큼은 알아들었을 중학교 3학년 수학까지 다시 공부해야 하는 상황을 불러오기도 한다.

고등학교 1학년 1학기 수학이 중학교 3학년 1학기 수학과 같다면 그게 고등 수학일까? 중학교 3학년 수학이 고등 수학에 다시 나오는 이유는 그것이 고등 수학을 공부하기 위해서 필요한 기초이기 때문이다. 그래서 그 설명이 충분하지 않다. 고등 수학에는 그 외에 새로 배워야 하는 더 많은 내용이 포함돼 있다. 우리는 이미 초등 수학을 빨리 끝내고 중등 수학으로 넘어가야 한다는 논리에 속았던 적이 있었음에도 다시 속는다.

지난 15년간 과열 학군에서 학원을 운영하면서 현행 과정에 대한 실력이 부족한데 선행 학습을 해서 성적이 오른 경우를 단 한 번도 본 적이 없다. 반대로 선행 학습을 했지만 배운 것을 하나도 모른다고 자백하는 학생은 수없이 봤다. 모두 현행 과정의 실력이 좋지 않은 학생이었다.

부모의 마음과 다르게 아이들은 중학교 3학년이 되었다는 이유로 갑자기 더 열심히 공부하지는 않는다. 그러니 실력이 부족하면 3학년 수학을 열심히 할 수 있도록 도와주어야 한다. 현재 실력이 부족한 상황은 고등 수학을 미리 준비한다고 해서 해결할 수 있는 것이 아니기 때문에 거듭 말하는 것이다. 물론 여기서 끝나지 않고 위기는 또 찾아온다.

시기별 주의사항 3
― 예비 고등학교 1학년(11월)

2학기 기말고사가 끝나면 고등학교 입학을 준비해야 하는 시기가 온다. 물론 아직 아이들은 그럴 생각이 전혀 없다. 중학교 3학년 아이들은 기말고사가 끝나고 고등학교에 입학하기 전까지의 기간이 마지막으로 놀 기회라고 생각한다. 아이들이 어떻게 생각하든 학원은 이 시기를 놓치지 않는다. 자동차 옵션에도 끼워 팔기가 있듯이 학원도 마찬가지다. 고등학교 1학년 1학기 과정만으로도 벅찬 학생들에게 나중에 공부할 시간이 부족하다는 아주 그럴듯한 이유를 붙여 불안을 조성한다. "지금까지 뭐 하셨어요?", "여름 방학이 짧아서 지금 해야 해요."라는 말로 펀치를 연타로 날린다. 그 강력한 펀치에 학부모 10명 중 9명은 정신없이 카드를 꺼내게 된다.

　이미 한 학기에 1개의 과목을 공부하는 것조차 쉽지 않았던 아이가 있다고 생각해 보자. 기말고사가 끝났다고 갑자기 학습 역량이 좋아지는 것도 아니다. 지금이 마지막으로 놀 시간이라고 생각하는 아이가 과연 고등학교 1학년 과정 전체를 잘 소화할 수 있을까? 2과목(1학년 1~2학기 과정)을 열심히 해보겠다고 아이가 먼저 말해도 뜯어말려야 할 판이다. 혹시 그래도 들어 두면 좋지 않을까 하는 생각은 티끌만큼도 안 하는 것이 좋다. 수업도 열심히 듣고 숙제도 열심히 했을 때 '들어 두면'의 효과를 조금 기대할 수 있다. 아이의 역량을 과도하게 넘는 수업은 보약의 좋은 효과보다 부작용만 남겨 안 먹은 것만 못하다.

÷

2학기는 언제 시작해야 할까

고등학교 수학의 한 학기 분량은 중학생의 한 학기 분량보다 2~3배 가량 많고 어렵다. 양이 많으니 학원에서 진도도 더 빨리 나간다. 그래서 한 과목을 수강하는 것만으로도 아이의 평소 학습 역량을 훌쩍 넘어서게 된다. 이 상황에서 욕심을 부려서 2학기 내용까지 수강하면 결국 1~2학기 전체적으로 관한 공부를 부실하게 할 가능성만 커진다. 이건 근거 없는 낭설이 아니다. 지난 15년간 레벨 테스트를 치러 온 학생들을 통해 확인한 결과다.

"수학 상·하 공부는 언제 했니?"

"중3 기말 치고 학원에서 2과목을 같이 진도 나갔어요."

이런 경우 1학기 과정을 기초부터 다시 가르쳐야 하는 경우가 대부분이었다. 2학기 과정은 두말할 것도 없다. 같은 시간을 투자해 한 학기 분량만 열심히 공부한 학생과는 확실히 실력 차이가 있다. 여름 방학도 짧은데 2학기 과정은 언제 하느냐고 묻고 싶을 것이다. 2학기는 기말고사를 치고 시작하면 된다.

배웠는데 모르는 상황과 안 배워서 모르는 상황은 완전히 다르다. 배웠으면 알아야 한다. 그리고 알 수 있도록 가르쳐야 한다. 그래서 한 과목을 제대로 배우는 것이 정말 중요하다. 그 다음 과목은 닥치면 다 하게 된다. 설령 2학기 성적이 조금 떨어진다고 해도, 그 이유가 겨울 방학 때 선행 학습을 하지 않았기 때문이라고 생각할 필요는 없다. 1~2학기 둘 다 잃을 뻔했는데 한 학기는 확실히 살린 것이니까.

2장

수학 학원 사용법

상식의 가드를 올리자

수학 학원에서 상담을 전담하는 사람들(이하 상담 실장)은 대부분 강사 경력이 없다. 강사 경력을 바탕으로 활동하는 '코디네이터'나 '입시 컨설턴트' 또는 대형 학원 상담 팀의 팀장급을 이야기하는 것이 아니다. 상담 실장은 본인의 경험에 근거하여 상담하기보다는 필요한 내용을 교육받아 숙지하고 매뉴얼에 맞게 상담을 하게 된다. 간혹 규모가 작은 학원의 경우 원장의 부인 혹은 남편이 상담하거나, 해당 학원에서 명문대에 진학한 학생의 엄마가 상담하는 경우도 있다. 어쨌거나 극히 일부를 제외하면 대부분의 상담 실장은 해당 과목에 대한 전문 지식과 학생을 가르쳐 본 경험이 없는 사람일 가능성이 크다.

"어머니, 지금까지 뭐 하셨어요."

내가 제일 경멸하는 말이다. 이것은 학부모들의 자존감에 상처를 주고, 마음을 더 불안하게 만들어 코를 꿰기 위한 말이다. 시간이 상대적으로 충분하지 않은 고등학교 2~3학년 아이를 둔 학부모보다 초등학교 고학년이나 중학생 자녀를 둔 엄마들이 더 빈번하게 겪는 일이니 참으로 한탄할 일이다.

초등학교 고학년이나 중학생들은 아직 3년에서 6년 정도의 시간이 남아 있다. 열심히 공부해서 성과를 내기에 충분한 시간이다. 재수 기간 8~9개월(정시 합격자 발표 후~수능일까지의 기간) 동안에도 성적이 좋아지는 경우가 많은데, 도대체 뭐가 늦었다는 말일까. 그런데도 상담 실장은 지금까지 하지 않았음을 강조하고 또 그것을 이용해 아이의 능력을 넘어선 학습까지도 서슴없이 권유한다. 지금까지 했던 방식으로는 아이가 잘 될 수 없다는 말에 넘어가지 않을 부모는 없다. 그렇게 눈 뜨고 코 베이고만다. 상담 실장은 학생들을 가르쳐 본 경험은 없어도 이미 마음의 문을 활짝 열고 들어온 엄마들로 하여금 지갑에서 카드를 꺼내게 하는 능력은 매우 탁월하다.

÷

그런 말에 설득되는 이유

그런 말에 쉽게 설득되는 이유는 크게 두 가지다. 우선 첫째, 부모들이 학원에 들어서기 전 가드Guard를 스스로 내렸기 때문이다. 대개 부모들은 '나는 잘 모른다'라는 생각으로 학원 문턱을 넘는다. 그러니 이미 지고 들어가는 싸움일 수밖에 없다. 물론 학창 시절에서 세월이 많이 흘러왔기에 자세히는 모를 수 있다. 하지만 적어도 공부에 대한 '상식'은 분명히 가지고 있을 것이다. '지금 학교에서 배우는 것도 잘 모르는데 다음 학년 선행 학습을 하는 게 맞을까?', '기본 문제도 잘 못 푸는 것 같은데 어려운 심화 문제를 어떻게 풀지?'와 같은 질문에 관한 답은 다들 말할 수 있다. 중학교, 고등학교 시절 직접 경험한 것이 있는데 하나도 모른다고 할 수 있을까.

두 번째 이유는 과도한 욕심 때문이다. 부모가 자식이 잘되기를 바라는 건 지극히 당연하다. 하지만 아이의 성적이 올랐으면 하는 욕심이 크다 보니 정작 내 아이가 현재 어떤 상황인지 보지 않는다. 실력 좋은 다른 집 아이가 뭘 하는지, 어떻게 하는지 위만 쳐다보며 내 아이와 비교하고 불안해한다. 그러면 결국 상담 실장의 유혹에 쉽게 넘어갈 수밖에 없다.

사교육 시장이 아무리 좋은 서비스를 제공하더라도 나의

아이에게 맞지 않는다면 독이 된다. 경주마처럼 앞만 보고 달려서는 안 된다. 응용 수준의 문제도 제대로 해결하지 못하는데 더 어려운 심화 문제집을 풀도록 하거나, 이차함수도 모르는 학생에게 미적분 수업을 듣도록 하는 것들이 대표적인 예다. 진부한 말이지만 "수학은 기초가 중요하다."라는 전문가들의 말을 새겨 듣고 내 아이의 상황에 맞는 서비스를 선택해야 한다. 만약 상담을 간 학원에서 "수업은 개설되어 있는데 길동이는 수강하지 않는 게 좋습니다."와 같이 학원의 수익과 무관한 방향으로 학습 전략을 짜고 대안을 제시한다면, 이때는 그 학원의 말에 조금 귀를 기울여도 된다.

전국의 모든 사교육 업체와 종사자들에게 문제가 있다는 말은 아니다. 산업이 움직이는 큰 방향은 정해져 있고, 그 방향이 아이가 가야 할 방향과는 다를 수 있다. 학생을 진정으로 생각하고 바른 교육 서비스를 제공하는 사람들도 많다.

내 아이에게 맞는 서비스는 남들의 방식을 다라간다고 쉽게 누릴 수 있는 것이 아니다. 다른 아이에게는 옥이라도 내 아이에게는 그저 돌이 될 수도 있기 때문이다. 그 반대도 마찬가지다. 그러니 부모의 관심과 노력이 적어도 아이에게 해가 되지 않도록 하려면 최소한의 가드는 올리고 사교육의 문턱을 넘는 것이 필요하다. 그 가드는 내 아이의 상태를 먼저 파악하고, 공부해 본 경험으로 얻은 상식에 믿음을 더하는 것에서 시작된다.

선생님의 전공과 경력

"혹시 이 학원 선생님들은 모두 수학을 전공하셨나요?"
"아니요. 수학 전공하신 분은 2명, 그 외 물리교육, 기계
공학, 재료공학 등등 전공하셨습니다."

학원 강사에 대한 나이, 경력, 전공 등은 필수 게시 사항으로, 잘
볼 수 있는 곳에 게시하게 되어 있다. 간혹 잘 보이지 않는 곳에
게시하는 경우도 있고, 심하면 학력을 위조해서 광고하는 곳도
있다. 우리 학원에서 몇 년간 근무했던 한 강사는 이전 학원에서
서울 유명 사립대 출신이라고 허위 광고를 당한 적이 있었다. 강
사는 나중에 프린트된 광고지를 보고 그 사실을 알았다. 지방의

사교육 시장에서는 '서울대 출신', '카이스트 출신' 등의 학벌을 이용한 홍보가 꽤 괜찮은 효과를 발휘한다. 명문대에 입학했다는 것 자체가 공부를 잘 했다는 뜻이니 이만한 홍보 문구는 없는 셈이다. 신생 학원이면 더 그렇다. 그런데 사실 그보다 더 좋은 홍보는 입시 결과다. 원장이 좋은 학교를 나온 것보다 고객이 좋은 학교를 들어가야 좋다. 축구 감독은 축구를 잘하지 못해도 된다. 그래도 팀은 우승할 수 있다.

내가 처음 채용한 선생님은 지방 국립대 수학교육과를 졸업했다. 개인적 이유로 오랫동안 함께 하지는 못했지만, 우리 부부와 함께 학생들을 정말 열심히 가르치셨다. 그 덕에 학원이 자리를 잡아갔고 추가로 채용을 진행했었다.

그때 명문대 수학과 출신의 한 강사를 만난 적이 있다. 면접이 좀 길어지면서 이것저것 이야기를 나눴는데, 고민이 하나 있다고 했다. 근무하고 있는 학원의 강사들 중 수학 실력은 자기가 분명히 제일 좋은데 수강생은 다른 강사가 더 많다는 것이었다. 그 강사가 문과 출신이라는 사실이 더 굴욕적이라고 했다. 학원장의 입장에서 봤을 때는 충분히 있을 수 있는 일이었다. '좋은 학벌'과 '좋은 수업'은 좀 다른 문제이기 때문이다. 하지만 그 강사가 스트레스를 받는 것은 이해할 수 있었다.

÷

강사에게 꼭 필요한 것

수학 학원장으로 경력이 쌓이면서 강사에게 학벌이나 전공보다 더 요구되는 것이 있다는 것을 알았다. 한 단어로 설명하기는 어려운데, 굳이 말하자면 강사로서의 '능력'이다. 이 능력에는 수학적 지식뿐 아니라 수업에 대한 열정, 학생에 대한 애정까지 포함된다. 명문대를 졸업했다고, 관련 학과 전공을 한다고 그런 능력이 갖출 수 있는 것도 아니다. 그냥 '그런 사람'이어야 한다. 그런 사람인지 아닌지는 사실 함께 일해보지 않으면 알 수 없다. 그러다 보니 '그런 사람'인 것 같아서 채용했다가 서로가 힘들어지는 상황이 가끔 생기기도 한다.

이전에 수학교육과를 졸업한 강사를 한 명 뽑았다가 크게 후회한 적이 있다. 그 강사는 수업 준비를 제대로 하지 않았다. 면접에서 보여준 그의 말과 행동은 완전히 가식이었다. 수업이 제대로 될 턱이 없었고, 결국 몇 달 후 협의해서 계약을 종료했었다. 어느 날, 우리 학원에서 멀지 않은 곳에서 수학 학원을 운영하는 원장으로부터 연락을 받았다. 우리 학원에서 근무했던 그 강사와 조기에 계약을 해지하게 되었는데, 이와 관련해 물어볼 게 있다며 전화를 한 것이다. 내가 그 강사와 계약을 종료한 지 6개월이 되지 않은 시점이었으니 그 학원에서도 근무태도가 문제였던 것 같았다. 그 강사는 수학교육을 전공했지만 '그런 사람'은 아니었던 셈이다.

중학교, 고등학교 수학을 가르치려면 공부를 다시 해야 한다. 수업 준비도 매일매일 해야 한다. 수학과와 수학교육과를 졸업했다는 이유만으로 잘 가르칠 수 있는 게 아니다. 얼마나 열정을 담아 수업을 철저하게 준비하는지, 또 학생들에게 애정이 얼마만큼 있는지가 수업의 질을 좌우한다. 만약 학원 상담을 가서 딱 1개의 질문을 할 수 있다면 내 아이를 담당하게 될 강사가 그 학원에 얼마나 근무했는지를 물어볼 것이다. 원장은 학벌이 좋거나, 경력이 길거나, 관련 전공을 했느냐보다 잘 가르치는 강사를 아낀다. 한 학원에 오래 근무했다면 적어도 그 학원 수업의 질을 떨어뜨리는 강사는 아니다. 강의에 문제가 있고 학생을 빈번하게 퇴원시키는 강사를 수년간 고용할 원장은 어디에도 없다. 그래서 오래 근무한 강사는 강사로서의 능력이 뛰어난 '그런 사람'일 가능성이 크다.

레벨 테스트 결과 보기

"채점 결과를 학생이랑 같이 보면 될까요?"

학원을 시작하고 초기에는 이렇게 먼저 물어봤었다. 채점하는 소리(실제로 채점할 때 O, X에 따라 소리가 다르다)마저도 부담스러워 하는 것 같아서 학생과 학부모가 없는 곳에서 채점해서 결과만 보여주었다. 그런데 지금은 특별한 경우가 아니면 학생과 학부모가 보는 앞에서 레벨 테스트 시험지를 채점한다. "나중에 로봇, AI와 경쟁하려면 무엇보다 강인한 정신력이 필요하지."라고 우스갯소리를 하면서 틀린 문제는 빨간색 펜으로 더 크게 긋는다. 상담 말미에는 수학을 공부하는 방법도 알려주는데, 그 과정에서 학생이 친 시험지가 중요한 역할을 하므로 결과를 보여줄 수밖에 없는 상황이기도 하다.

요즘은 맞벌이 가정이 많아서 레벨 테스트를 치러 학생만 오는 경우도 많다. 이 경우에는 학생에게 결과를 보고 가겠느냐고 물어본다. "예."라고 답하는 학생이 "아니오."라고 하는 학생보다 실력이 좋은 경향이 있었다. 드물게는 학생이 결과를 보고 가도 되느냐고 먼저 묻는 경우도 있다. 실력은 태도의 결과물이다. 본인이 친 시험의 결과가 궁금하다는 것은 자기 실력에 자신감이 있거나, 자신감까지는 아니어도 적어도 실력에 대한 관심은 있다는 뜻이다.

중학생이나 고등학생은 이미 실력이 정해진 경우가 많다. 그래서 학부모가 레벨 테스트의 결과에 대해 기대하기보다는 아이의 기존 실력을 다시 검증하게 되는 경우가 대부분이다. 그래서 시험 결과를 같이 확인한다고 해서 별다른 사건이 발생하지는 않는다. 대부분 무난하게 별일 없이 지나간다.

가끔 채점 결과를 보고 우는 아이들이 있는데, 보통 초등학생이다. 왜 우느냐고 물어볼 필요도 없다. 집에 가서 엄마한테 혼날 것이 겁나거나, 성적이 생각보다 좋지 않아서 서럽거나 둘 중의 하나일 테니까. 전자의 경우는 주로 초등학교 저학년에서 볼 수 있고, 후자는 고학년에서 볼 수 있다. 아이가 먼저 눈물을 흘리면 "괜찮다. 앞으로 열심히 하면 돼."라는 말로 달래는 것

외에 별 도리가 없다. 아이가 울면 좀 당황스럽긴 해도 딱히 난감하지는 않다.

정말로 난감할 때는 시험 결과를 본 학부모가 아이를 내 앞에서 채근할 때다. 물론 집에서 아이를 잡듯이 그렇게 하지는 않지만, 표정이 잔뜩 일그러져 있어서 분위기는 싸늘할 수밖에 없다. 그런 경우에는 상담도 부드럽게 마무리되지 않을 때가 많다. 좋지 않은 시험 결과의 원인은 학생에게 있지만, 더 근본적으로는 학부모에게 있다. 초등학생이 자신에게 필요한 과정과 난이도를 알아서 선택하지는 않았을 것 아닌가? 시험 결과가 안 좋은 이유를 전부 아이의 잘못이라고 이야기할 것이라면, 나는 레벨 테스트 결과는 학부모 혼자 확인하는 것이 좋다고 생각한다.

÷

레벨 테스트에서 부모의 역할

레벨 테스트를 왜 치는가? 학생의 실력을 확인해 부족한 부분을 잘 채울 수 있는 수업에 학생을 배정하기 위해서다. 학부모의 입장도 이와 다르지 않아야 한다. 실력은 테스트를 치기 전부터 이미 정해져 있다. 당연히 실력보다 더 잘 칠 수는 없다. 부모가 원하는 레벨, 원하는 문제집을 공부하는 반에 배정되지 않았다고 여러 학원을 돌며 레벨 테스트에 응시하는 경우도 있다. 그건 시험을 치는 아이의 입장은 고려하지 않고 부모의 욕심만 채우려는 것이다.

그렇게 해서 부모가 원하는 레벨과 교재로 공부하게 되면 과연 좋을까? 부모의 욕심에만 맞는 수업과 교재는 잠깐의 심적인 안정감 외에 그 어떤 효용도 기대할 수 없다. 어느 학원의 레벨 테스트에서 탈락하는 점수를 받았다면 그냥 결과를 받아들이면 된다. 아이의 실력에 맞는 수준의 수업이 그 학원에 없어서 불합격한 것이다. 듣기에 거북하긴 하지만 '저희가 자녀분의 실력에 맞는 수업을 진행하고 있지 않습니다'라는 말을 함축했다고 생각하면 된다. 그러면 아이의 실력에 맞는 다른 학원의 수업을 찾으면 된다. 그게 부모의 역할이다.

레벨에 대한 집착

2010년경, 인근의 어느 대형 학원은 레벨 테스트 점수로 매월 반을 재배정했었다. 그 학원에 다녔던 영진이는 게시판에서 시험 결과를 확인할 때, 레벨이 떨어질까 봐 자기 점수를 조마조마한 마음으로 확인했다고 한다.

우리 학원은 2개월에 1번 정도 레벨 테스트를 친다. 테스트 후 반을 다시 배정할 때는 3개를 고려한다. 하나는 레벨 테스트 성적, 또 다른 하나는 2달 간의 학습 태도, 마지막 하나는 담당 선생님의 의견이다. 이 중 가장 크게 영향을 주는 것은 담당 선생님의 의견이다. 학생에게 어느 수업이 가장 좋을지는 2달간 수업을 한 담당 선생님이 제일 잘 알기 때문이다. 레벨 테스트 성적 하나만을 보고 결정하지 않기 때문에 성적이 1번 떨어졌다고 해서 바로 레벨을 떨어뜨리지는 않는다. 담당 선생님과 논의한 후, 학생과 상담해서 조금 더 열심히 해보자고 기회를 1번 더 준다.

그렇게 했음에도 학습 태도가 계속 좋지 않고, 해당 레벨의 수업을 지속하는 것이 학생에게 전혀 도움이 되지 않는다고 판단되면 레벨을 조정한다. 이는 레벨을 상향 조정할 때도 마찬가지다. 담당 선생님의 의견을 들어보고 최종적으로 결정한다. 시험을 잘 쳐도 레벨을 올리지 않은 경우도 여러 번 있었다.

÷

믿을 만한 학원 찾는 법

수강 중인 수업을 학생이 도저히 소화할 수 없는 상황이면 레벨 조정을 위해서 상담을 시행한다. "민영이는 레벨을 좀 내려야 할 것 같아서 전화 드렸습니다." 15년차 원장이지만 아직도 이 말은 입에서 잘 안 떨어진다.

"레벨 내리시면 학원 못 보낼 것 같습니다."
"네, 이미 조정하기로 결정하고 전화를 드리는 겁니다.
계속 다니고 안 다니고는 제가 결정할 문제는 아니니까

지금까지 2~3번 정도 있었던 일이다. 이유를 불문하고 학생의 실력과 태도가 해당 레벨의 수업을 소화할 수 없는 상황이 되었고, 그래서 레벨을 조정하는 것인데 학부모는 끝까지 수강 중인 레벨을 고집했다. 학생이 수업을 전혀 따라가지 못함에도 레벨 이름이, 아니면 어려운 수업에서 공부 잘하는 학생과 같이 수업을 듣고 있다는 사실 자체가 더 중요한 듯했다. 그래서 실력에 맞는 레벨로 하향 조정하는 것에 ‘퇴원’이라는 강수를 두는 것으로 보였다.

이런 경우 우리 학원을 그만두는 것이 학생에게는 나쁘지 않은 선택이라 생각한다. 내가 레벨을 낮추지 않고 계속 두면 아이는 이해하지도 못하는 수업을 들으며 시간을 낭비하게 된다. 하지만 우리 학원을 그만 두고 다른 학원에 가면 다시 반 배정을 받게 된다. 그러니 실력에 맞는 수업을 수강하게 될 가능성이 커진다. 원생이 줄어드니 내게는 좋지 않지만, 학생에게는 확실히 좋은 일이다. 학원 레벨을 내린다는 이유로 ‘퇴원’이라는 강수를 두는 부모님께 말하고 싶다. “내 아이처럼 가르쳐 달라고 하셨잖아요?”

학원의 고객은 학생이다. 어느 원장이 고객이 줄어드는 것을 좋아하겠는가. 고객이 떠날 수도 있다는 사실을 알고도 레벨을 떨어뜨리는 것이다. 그 진정성을 좀 알아주면 좋겠다. 실력이 올라서 레벨이 올라갈 때는 '믿고 보낸' 학원이고, 레벨이 떨어지면 하루아침에 '못 믿을' 학원이 된다. 실력은 움직인다. 믿을 만한 학원은 고객 기분에 맞춰 레벨을 결정하는 학원이 아니라 아이의 실력에 맞춰서 수업 레벨을 정해주는 학원이다.

$$\begin{matrix} \wedge & \wedge \\ \times & + \\ = \pm = \end{matrix}$$

'방학 특강', '윈터 스쿨'은
윈윈 Win-Win 게임인가?

"원장 선생님, 여기는 왜 방학 특강을 안 하나요?"
"실력 향상에 별로 도움이 안 돼서요."

모든 방학 특강이 그렇다는 것은 아니지만 대부분이 그렇다고
나는 생각한다. '여름방학 특강_확률과 통계 4주 완성', '겨울방
학 특강_고1-1 8주 완성' 같은 문구를 볼 때마다 무엇을 완성한
다는 건지 이해할 수 없다. 방학이 가까워지면 학원에서는 방학
특강 수강생을 모집하기 위해 바빠진다. 난 그 시기에도 바쁘지
않다. 방학 특강을 하지 않기 때문이다. 상황에 따라 방학이라는
시간을 이용해 학원생에게 필요한 수업을 개강한 적은 있다. 하

지만 방학에 기계적으로 '특강'이라는 이름을 붙여서 학생에게 수강을 강요하거나, 원생을 모집하는 그런 수업은 하지 않는다.

방학이 다가오면 집에서는 어떤 특강을 등록해서 아이들이 빈둥거리는 시간을 줄일지 고민한다. 그래서 학원에게 방학은 추가 매출을 올릴 좋은 기회다. 그 첫 번째 타깃은 바로 재원생이다. 기존 고객을 통해서 추가 매출을 올리는 것이 신규 고객을 유치하기보다 쉽다는 건 누구나 아는 사실이다. 백화점은 VVIP 고객에게 전용 라운지, 전용 주차장, 발렛파킹 서비스 등을 제공하며 서로에게 득이 되는 전략을 구사한다. 그렇다면 학원에서 하는 방학 특강도 백화점처럼 학원 측과 학생 측 서로에게 충분한 이점이 생기는 프로그램일까?

방학 특강은 짧은 기간 동안 많은 내용을 끝내야 하기에 거의 매일 수업을 한다. 매일 수업하지 않는다면 하루 수업 시간이 그만큼 더 길다. 엄마 입장에서는 집에서 빈둥거리는 아이가 특강을 듣느라 눈에 보이지 않는 것만으로도 속이 시원하다. 게다가 학원을 다녀와서도 숙제를 해야 한다며 책상에 앉아 있다. 경제적으로 부담은 되지만 수강하기를 잘했다고 생각한다. 이렇게 보면 방학 특강은 서로에게 득이 되는 프로그램이 맞는 것 같다. 과연 그럴까?

앞서 '학습學習'은 배우는 것學과 연습하는 것習이 조화로위야 한다고 했다. 일반적으로 학學보다는 습習을 하는 시간이 훨씬 많이 필요하다. 음악, 체육 등 예체능 분야도 그렇다. 기교나 기술을 배우는 것은 잠시지만, 그것을 실제로 자연스럽게 구사하려면 긴 시간의 연습이 필요하다. 공부도 다르지 않다.

방학 특강은 시간적 제약으로 습習을 충분히 할 수 있는 구조가 아니다. 전교 1등의 공부 비법은 남들과 똑같이 하는 학學에 있는 것이 아니라 자신만의 습習이 핵심이란 것을 명심하자. 이렇게 말하면 우리 학원의 방학 특강은 다르다며 기분 나빠할 분들도 분명 있을 것이다. 하지만 매일 하루종일 배우고, 숙제하고, 복습하는 이 세 박자를 1달 이상 유지하기는 실력이 부족한 학생들이 소화하기 벅찬 강도다. 학원을 하나만 다니는 게 아니라면 더욱 그렇다.

방학 특강으로 배운 내용에 대해서 학생들은 "그 부분은 방학 특강으로 배워서 잘 몰라요."라고 말하곤 한다. 만약 학원에 상담을 간 자리에서 아이가 그렇게 말하는 것을 듣는다면 부모님의 마음이 꽤 착잡할 것이다. 간혹 모의고사 1등급 수준의 학생도 방학 특강으로 배운 것은 잘 모른다고 하는 경우가 있다. 그러니 평소 실력이 좋지 않은 아이가 잘 모른다고 말한다면, 그건 정말로 하나도 모르는 거다.

÷

방학 특강의 장점

물론 방학 특강이 전부 쓸데없다는 것은 아니다. 평소 부족한 부분이 있어서 방학 때 꼭 보충해야 한다고 학생 스스로 생각했다면 이야기는 달라진다. 수업을 듣는 학생도 이미 빡빡한 일정을 소화해 내겠다는 정신 무장이 되어있으므로 효과도 괜찮다. 아이도 예상치 못한, 그저 방학이라 아이에게 시간이 많아 보여서 '노느니 이 잡는다'라는 식으로 특강을 등록한다면 결과는 뻔하다. 카드는 긁었고, 아이는 힘들고, 머릿속에 남는 건 별로 없다. 4개월 동안 새벽같이 집을 나서며 학교에 다녔는데, 몇 주 정도 아침에 뒹굴뒹굴하면 좀 어떤가. 방학인데 아이가 좀 더 놀 수도 있는 것 아닌가. 방학은 오직 공부만 더하라고 있는 시간이 아니다.

텐 투 텐10 to 10이라는 말을 들어본 적 있는가? 아침 10시부터 밤 10시까지 하는 특강이다. 인터넷 학습 카페에는 이런 스파르타식의 강도 높은 방학 특강에 아이를 보내야 할지 말지 의견을 구하는 글이 종종 올라온다. 댓글 중에는 그런 특강을 소화한 아이에 대한 자랑도 있고, 그 얘기에 부러움을 표하는 추가 댓글도 볼 수 있다. 교육은 피교육자의 능력을 고려하는 것이 기본이다. 부모가 아이의 성향과 능력을 고려하여 특강을 수강하지 않기로 했다면 그 역시 아이를 위한 최선의 선택이다. 그러니 높은 강도의 특강을 이겨낸 다른 아이를 부러워할 필요는 없다. 학원 다닌다고 모두 성적이 오르지 않듯, 그런 특강을 들었다고 다 실력이 늘지 않는다. 오히려 방학 동안 공부 스트레스만 잔뜩 쌓인 채 새 학기를 맞이할 수도 있다.

÷

방학을 이용하는 방법

아침에 뒹굴뒹굴하는 아이가 눈에 거슬린다면 방학 특강보다는 오전에 체육 활동을 시켜보자. 하버드 의대 정신의학과 존 레이티 교수는 국내 한 매체와의 인터뷰*에서 "온종일 학교나 학원에 앉아 몸을 쓰지 못하게 하는 한국식 교육은 오히려 학생들 역량을 저하하고 우울증까지 유발할 수 있다.", "운동이 학습에 좋은 영향을 준다는 의학적 근거는 충분히 검증됐다."라고 언급한 바 있다. 그러니 방학을 주요 과목 특강으로 쉴 새 없이 바쁘게 보낼 것이 아니라, 학기 중에 부족했던 체육 활동을 충분히 할 수 있도록 하는 것이 더 현명한 전략일 수 있다. 어차피 체육 활동을 한다고 해서 다니던 학원까지 중단하지는 않는다.

---

* "운동시간 안 주는 한국 교육, 뇌 성장 방해" 조선일보, 2017.04.18, https://www.chosun.com/site/data/html_dir/2017/04/18/2017041800293.html

방학이라고 무조건 특강을 수강하기보다는 아이들과 잘 상의해서 스트레스가 되지 않는 범위 내에서 학습량을 늘리는 것이 좋다. 학기 중에 비해 여유 시간이 늘어나기 때문에 학습 시간을 조금 더 늘리더라도 큰 불만은 없을 것이다. 학기 중에 학교와 학원을 반복하며 시험까지 치느라 힘들었는데 방학에는 특강 듣느라 또 쉬지도 못하면 다음 학기에 더 열심히 할 수 있을까? 내 아이를 위한 필승 학습 전략은 남들이 하는 것을 따라 하는 것이 아니라 내 아이의 성향과 역량에 맞는 학습이다. 물론 아이의 동의는 필수다.

$$\begin{matrix} \wedge & \wedge \\ \times & + \\ = \pm & = \end{matrix}$$

주산·암산과 수학

어린 시절의 나는 초등학교 3학년 때부터 주산·암산 학원에 다니기 시작했다. 내가 보내 달라고 한 것은 아니지만 형, 누나가 다녔다는 이유로 나도 다니게 되었다. 일곱 식구 대가족에 형편이 그리 좋지 않았는데 어떻게 주산·암산 학원까지 다닐 수 있었는지는 아직도 미스터리다. 운 좋게도 주산·암산은 나와 아주 잘 맞았다. 지금과 달리 손가락이 가늘고 길어서 주판알을 튕기기 유리했고, 친구들보다 빠르고 정확하게 움직이는 손가락 덕에 같은 학년에서 늘 1등이었다. 학원의 여러 지점을 통합해서 6개월에 1번씩 열리는 대회에서 여러 번 1등을 했고 시 대회는 학원 대표로, 전국 대회는 학교 대표로 출전하기도 했었다.

당시 우리 반에 같은 학원에 다니는 혁수라는 친구가 있었다. 암산 실력이 아주 좋았다. 초등학교 3학년 산수는 단순 계산이어서 수업 시간에 혁수와 나는 서로 경쟁하듯 문제를 풀었다. 빨리 푸는 것이 그냥 좋았다. 다른 친구들보다 계산을 빨리할 수 있다는 것은 나에게 주산·암산을 꾸준히 열심히 하게 만드는 큰 동기였다.

5학년 때는 초등학교 대표로 문교부 장관배 전국 주산·암산 대회에 출전하게 되었다. 사실 학원에서 팀을 만들어 출전한 것이었지만, 팀원 3명이 모두 같은 학교에 다녀서 학교 이름으로 출전하게 되었다. 장소는 부산의 어느 고등학교였다. 나름 주산·암산에 자신이 있었기 때문에 대회가 시작될 때까지는 크게 긴장도 하지 않았다. 그러나 그날 내가 우물 안의 개구리였음이 밝혀졌다. 우물 밖 세상에는 엄청난 고수들이 많았다. 대회를 마치고 집에 오니 뉴스에 내가 출전한 대회 소식이 나왔다.

대회장에서 본 나보다 손가락이 100배는 빨랐던 그 소녀의 얼굴도 잠시 화면에 보였다. 대회에서 상을 타지 못해서 침울했었는데, 나중에 학교 운동장 조회시간에 전교생 앞에서 장려상은 받았던 것으로 기억한다. 참가상 같은 그 상으로 좀 위로가 되었다.

÷

주산과 암산의 장점

초등학교를 졸업할 때까지는 내가 수학 때문에 힘들어하게 될 줄 상상도 하지 못했다. 중학교 수학은 주산·암산으로 감당할 수 있는 것이 아니었다. 주산·암산이 '뇌를 발달시킨다'라는 말에 반대할 생각은 없지만, 주산·암산이 '수학을 잘 하게 만든다'라는 말에는 동의할 수 없다. 머리가 좋은 학생은 많다. 하지만 수학을 잘 하는 학생은 적다. 그러니 뇌를 발달시킨다고 해서 무조건 수학을 잘 하게 되는 것은 아니다. 또 주산·암산을 배운다고 모두 다 주산·암산을 잘하게 되는 것도 아니다.

주산·암산을 잘하게 되면 연산 능력은 확실히 좋아진다. 단순 계산을 정확하고 빠르게 하는 데 암산은 특히 도움이 된다. 축구로 말하면 드리블처럼 특정 능력이 좋아진다고 할 수 있다. 그런데 드리블만 잘 해서 축구를 잘한다고 볼 수 없듯이 연산을 잘한다고 수학을 잘하는 것은 아니다. 경험자로서 수학을 잘하게 되는 비결이 정말 주산·암산(특히, 암산)이라 생각했다면 내 아들도 주산·암산을 배우도록 했을 것이다.

과학고를 졸업한 아내도 주산·암산은 배운 적이 없고 지금도 단순 계산은 내게 묻는다. 그런데 수학은 아내가 나보다 훨씬 잘한다.

주산·암산은 선택의 문제다. 연산 능력이 부족한데 아이가 흥미를 느낀다면 시도해 보는 것은 괜찮다.

$$\begin{array}{cc} \wedge & \wedge \\ \times & + \\ = \pm & = \end{array}$$

수학 학원장 아들은
어떻게 초등 수학을 공부했는가

용가리는 내 아들이다. 수학 학원장 아들은 어떻게 초등 수학을 공부했는지 궁금할 것 같아서 자세히 적어 본다. 용가리가 초등학교에 입학할 때 나는 딱 하나를 강조했었다. "수업 시간에 수퍼맨이 눈으로 레이저를 쏘는 것처럼 선생님 말씀에 집중해야해." 그리고 용가리를 믿었다. 하지만 용가리가 초등학교 2학년이 되어 학교에서 시험을 쳤는데 수학과 국어 성적이 반 평균보다 많이 낮았다. 반 평균이 90점을 넘었으니 어렵지 않은 시험이었는데, 용가리의 점수는 2과목 모두 70점 부근이었다.

그때까지 교과서 외에 다른 참고서나 문제집을 1권도 사주지 않긴 했지만, 성적이 그렇게 낮게 나오리라고는 전혀 예상하지 못했다. 저학년이라 크게 신경은 안 쓰였는데, 틀린 문제가 어떤 문제인지는 정말 궁금했다. 퇴근해서 아내가 챙겨 둔 시험 문제를 봤다. 시험지를 보니 수학은 실수가 좀 많았고, 국어는 성인의 눈으로 판단하기에 문제 자체가 좀 이상했다. 그래서 아내와 나는 아무 문제가 없는 것으로 결론을 내렸다. 그래도 점수가 좀 낮은 것은 아이의 자존감에 영향을 줄 수 있으니 3학년 1학기부터는 문제집을 1권 사서 집에서 같이 공부하기로 결론을 내렸다. 그리고 다음 학기부터는 엄마랑 같이 문제집을 1권 정도는 풀어보자고 용가리에게 제안했다. 표정은 좋지 않았다.

인터넷에서 초등학교 저학년은 하루에 얼마나 수학 공부를 해야 하는지를 묻는 글을 어렵지 않게 찾을 수 있다. 용가리의 수학 공부는 하루가 아닌 일주일에 겨우 1번을 했으니 어찌 보면 거의 놀았다고 봐도 무방한 수준이었다. 집에서 수학 공부를 시작한 이후에도 엄마와 같이 하는 것을 그리 좋아하지는 않았다. 아이가 공부하는 것을 싫어하지 않아야 된다고 생각했기에 고민하다가 친한 친구와 함께 공부하는 방법에 생각이 닿았다. 그래서 친구와 공부하는 방식을 제안했고 용가리는 수락했다.

용가리는 친구 집에서 엄마에게 수학을 배우고, 친구는 자기 집에서 친구의 엄마에게 수학을 배우는 이상한 방식의 수업이 시작되었다. 용가리에게는 수학의 재미보다는 친구의 엄마가 챙겨 주는 간식 먹는 재미가 더 쏠쏠한 것 같았다. 공부 재미가 아닌 다른 재미로 문제를 풀었지만, 효과는 있었다. 3학년 1학기 시험부터는 다 맞거나 1개 틀리는 정도의 성적을 유지했다.

÷

실력을 파악해 필요한 부분을 채워라

일주일에 1번 하는 90분짜리 수업으로는 빨리 진도를 나갈 수 없었다. 5학년 2학기 기말고사가 끝났을 때, 수업 진도도 딱 거기까지 나갔다. 문제는 거기서 발생했다. 우리 학원의 6학년 진도가 중학교 1학년 1학기 과정부터 시작했기 때문이다. 6학년 학생들에게 6학년 수업을 한 적도 있지만, 당시에는 6학년 학생들에게 중학교 1학년 선행 학습까지만 진행했다. 물론 레벨 테스트를 통과하는 학생들만 수업을 들을 수 있었다.

그 이유는 6학년이 끝날 무렵에 찾아오는 학생들이 선행 학습을 많이 해서 진도는 많이 나간 데 비해 중학교 1학년 1학기 과정에 대한 실력은 부족한 경우가 많았기 때문이다. 그래서 중학교에 진학하기 전에 중학교 1학년 수학에 대한 실력을 먼저 잘 쌓을 수 있도록 수업 계획을 짰다.

아내에게 6학년으로 진학하기 전, 겨울 방학 2달 동안 6학년 1학기 과정까지는 마쳤으면 좋겠다고 전하며 자초지종을 설명했다. 6학년 1학기 과정까지 마치면 어떻게든 중학교 과정을 할 수 있을 것 같았다. 물론 테스트라는 관문은 당연히 통과해야 했다. 시간이 또 지나고 2월이 끝나갈 즈음 5학년 전 과정과 6학년 1학기 과정을 테스트했고, 다행히 커트라인을 통과해서 6학년 정규반에서 중등 수학 선행 학습을 시작하게 되었다. 6학년 2학기 과정은 따로 수업하지는 않았다.

용가리에게 중등 수학을 공부하는 데 꼭 필요한 '비례식과 비례 배분' 단원만 가르치고 나머지는 학교 수업을 잘 들으라고 일렀다. 저학년 때는 성적이 좀 낮았지만, 전체적으로 초등 수학에 대한 학습은 잘 되었다고 생각했다. 문제집 1권은 다른 아이들이 공부하는 양과 감히 비교할 수준도 안 되는 적은 양이었지만, 결과적으로 성적이 나쁘지 않았기에 투입한 시간에 비해서 효율적으로 학습했다고 아내와 나는 평가했었다.

용가리가 초등학교 고학년이 되면서 '명색이 수학 학원 원장 아들인데 수학을 못 하면 어떻게 하지?'라는 걱정을 했었다. 아내가 진행했던 수업은 시간이 짧고 문제의 양도 적었지만, 전문가의 시각으로 아이의 실력을 파악하고 필요한 부분을 채워 줬기에 좋은 결과가 있었다. 따로 수업을 하지 않았던 6학년 2학기의 중간·기말고사에서도 다른 학기와 비슷한 성적을 받았다. 이렇게 용가리의 초등 수학은 마무리되었다. '마무리되었다'라는 말은 중등 수학을 선행 학습 하기에 초등 수학에 대한 실력을 충분히 쌓았다는 의미다.

$$\begin{array}{cc} \wedge & \wedge \\ \times & + \\ = \pm & = \end{array}$$

수학 학원장 아들의
예비 중1 준비 방법

우리 학원의 6학년이 수강하는 중등 수학 선행 과정은 일반적으로 1-1(1회독), 1-2(1회독), 1-2 복습(2회독), 1-1 복습(2회독) 순으로 진행된다. 2회독을 모두 마치는 시기가 12월 말이다. 그리고 그 이후에 1-1 심화(3회독)를 진행하고, 3월의 시작과 함께 1-1 고난이도(4회독)를 해서 중학교 1학년 1학기 과정을 마무리한다. 이렇게 1학기 과정을 여러 번 진행하는 이유는 그 내용이 어렵기 때문이다. 중학교 1학년 1학기 수학은 중·고등 수학의 시작점이기 때문에 어중간하게 공부하고 후속 학습을 진행하는 것보다 먼저 탄탄하게 다지는 것이 더 효과적이면서 효율적이다.

6학년이 된 용가리의 중학교 1학년 예비 수업은 계획에 따라 순조롭게 진행되었다. 다행히 같은 반에 있는 다른 학생들과도 잘 맞아서 수업 분위기도 좋았다. 계획한대로 12월 말까지 1학년 1학기 과정을 2회독을 마치고 레벨 테스트를 쳤다. 유형별로 응용 수준까지 공부한 상태였고, 그것을 뛰어넘는 심화 수업을 해낼 수 있을지를 판단하기 위한 목적이었다. 이 시험에서 떨어지는 학생은 거의 없다. 중1 선행 학습 과정을 시작할 때 이미 테스트를 통과했고, 그 학생들은 응용 수준까지는 잘 이해할 수 있는 수준의 실력과 학습 태도를 이미 갖추었기 때문이다.

1학년 1학기 과정의 3회독 수업은 《일품》(좋은책신사고) 시리즈로 진행했다. 책이 상당히 얇아서 별도로 유형별로 정리한 유인물을 병행했다. 이유는 2회독 때 1번 본 응용 수준 문제에 더 익숙해지도록 하기 위해서였다. 같은 반 학생들이 큰 무리 없이 잘 따라왔다. 좀 어려운 문제에 관해서도 해설을 먼저 듣기보다 일단 스스로 풀어보겠다는 적극적인 자세도 가지고 있어서 기특했다.

÷

실력과 시험은 다른 문제다

2018년 1~2월 그렇게 3회독을 끝내고 다시 레벨 테스트를 실시했다. 《에이급》(에이급출판사), 《최상위 수학》(디딤돌), 《블랙라벨》(진학사), 《최강 TOT》(천재교육)을 비롯해 심화 수준 이상의 문제집을 풀 수 있는 학생을 다시 가리기 위해서였다. 매년 심화 수업을 수강하는 학생 중에서 탈락자가 조금씩 있는 편이었기 때문에 걱정스러웠다. 이 시험을 통과하면 대부분 중학교 3년 동안 제일 높은 레벨을 잘 유지하는 경향을 보였기 때문에 용가리 역시 그렇게 되었으면 하는 바람이 무척 컸다.

많이 긴장하고 채점을 했다. 실력이 괜찮다는 것을 알고 있었지만, 시험은 또 다른 문제였다. 낮은 점수를 받았는데 원장 아들이라고 높은 반에 넣어주는 것도 말이 안 되기에 점수가 높게 나오기만을 바랐다. 다행히 중간 이상의 성적으로 테스트를 통과했다. 내가 출제한 레벨 테스트를 채점하면서 그만큼 긴장해보기는 처음이었다. 이렇게 용가리의 예비 중1 수업도 잘 마무리되었다.

코로나가 불러온
학습 태도의 붕괴

2019년, 용가리의 중학교 2학년 2학기 중간고사가 끝나고 미국으로 가족여행을 갔다. 주말에도 수업이 있어서 제대로 쉰 적이 별로 없었기에 오랜만에 떠난 여행은 정말 좋았다. 좋은 것을 보고 맛있는 것을 먹어서 좋았던 것이 아니라, 일에서 완전히 해방된 적이 10여 년간 없었기 때문이었다. 용가리는 학교에 가지 않는 것만으로도 무척 행복해 보였다.

여행을 다녀오고 2주 후부터 다시 기말고사 대비 기간이 시작되었다. 그때부터 용가리에게서 학습에 소홀한 느낌이 약간씩 보였다. 처음에는 시간이 좀 지나면 괜찮아 질 거라고 생각했다. 그리고 2020년 겨울 방학 중에 코로나 사태가 터졌다. 여행 후에 시작된 학습 슬럼프는 학교와 학원이 폐쇄되면서 학습 태도의 붕괴로 이어졌다.

온라인 등교가 시작되었으나 출석 체크가 끝나면 용가리는 나머지 시간을 유튜브와 게임으로 채웠다. 어떻게 할 수 없었다. 하루종일 집에만 갇혀 있어야 하는 아이에게서 유튜브와 게임을 빼앗을 수는 없었다. 이러지도 저러지도 못하고 그냥 지켜만 봐야 하는 상황은 아내와 나에게 너무 가혹했다. 집안 분위기는 점점 싸늘해졌다. 그렇게 1년이 지났다.

코로나 사태가 진정될 기미가 보이지 않는 가운데 용가리는 고등학생이 되었고, 등교 수업이 시작되었다. 야간 자습도 신청할 수 있었다. 중학교 3학년 때의 학습 결손이 많은 것 같아서 나와 아내는 야간 자습을 신청하기를 바랐고, 용가리도 그렇게 하겠노라 약속했지만 결국 자기 마음대로 신청을 하지 않았다.

그렇게 한 학기가 또 지났다. 성적은 딱 1년 반을 공부한 수준에서 완전히 손을 뗀 수준으로 떨어졌으며, 짧은 여름 방학도 순식간에 지났다. 계속 이렇게 두고 보는 것이 너무 힘들었다. 용가리를 설득해서 국어 학원에 다니도록 했다. 모든 과목의 성적이 엉망이었지만, 그중 그대로 두어서는 회복이 어렵겠다 싶은 과목이 국어였기 때문이다.

나는 공부를 아주 잘했던 제자들에게 카톡을 보냈다. "얘들아, 고1이 다닐 만한 국어 학원 좀 추천해다오." 그렇게 추천받은 국어 학원에 등록했다. 잘 가르치는 학원에 보냈으니 1학기 때보다는 나아질 것이라고 생각했다. 이런 안일한 생각이 깨지기까지는 오랜 시간이 필요하지 않았다. 처음으로 고등학교 시험을 치는 날, 2과목 시험을 마치고 집에 온 용가리는 오후 내내 스마트폰을 만지작거리다 자기 시작했다. 그 모습을 보다가 학원으로 출근한 아내가 말했다. "계속 저렇게 하면 이젠 내가 못 견디겠는데." 표정을 보니 정말 무슨 일이 날 것 같았다.

나는 집으로 달려갔다. 자는 용가리를 깨워 잔소리를 퍼부었다. 사실 좀 참으려 했지만, 아내가 싸우는 것보다는 아빠인 내가 이야기하는 것이 낫겠다고 판단했다. 공부하라는 말로 아이가 공부하게 만들 수 없다고 그렇게 외치던 나였지만 시험 기간임에도 불구하고 실컷 놀다가 잠든 모습을 보니 어느새 부아가 치밀었다. 고등학교 1학년 2학기도 또 그렇게 지나갔다.

÷

잔소리는 효과가 없다

용가리가 고등학교 1학년이었던 한 해는 나와 아내에게 정말 힘든 시간이었다. 용가리 역시 부모의 잔소리를 듣느라 많이 힘들었을 것이다. 용가리에게 그런 시간이 도움이 되었을 리는 없지만, 나에게는 '잔소리로는 공부하도록 만들 수 없다'라는 진리를 몸소 체험할 수 있었던 시간이었다. 그런 시간을 겪고 나니 이렇게 아이와의 갈등을 경험하고도 나아지는 것 없이 똑같은 상황을 반복하게 된다면 가르치는 사람의 자격, 그리고 한 아이의 학부모 자격이 없다고 생각했다.

겨울 방학이 시작될 즈음이었다. 용가리에게 말했다. "이제 스마트폰도 하고 싶은 만큼 해. 공부하라는 말은 앞으로 최대한 안 하려고 내가 더 노력할게. 그리고 스마트폰 밖에서도 쓰고 싶으면 공부용 핸드폰에 있는 유심 끼워서 써." 그렇게 겨울 방학 2개월 동안 용가리는 원하는 만큼 스마트폰을 사용했다. 학원은 수학 학원과 본인이 필요하다고 해서 시작한 과학 학원만 다녔다. 그렇다고 나머지 과목을 혼자서 열심히 한 것은 아니었다. 하지만 등 떠밀어서 다니게 되는 학원에서는 똑바로 공부하지 않는다는 것을 국어 학원을 통해서 확인했다. 그래서 성적과 상관없이 본인이 먼저 필요하다고 말하지 않으면 학원을 더 보내지는 않기로 했다. 마음이 약간 편해졌다.

스마트폰을 보는 시간이 더 늘어나고 독서실에 머무는 시간은 더 줄었지만, 예상과 달리 공부는 조금 더하는 듯했다. '책상에 앉아있다고 그 시간에 전부 공부하는 것은 아니다'라는 말이 옳음을 확인했다. 다른 과목은 확인할 길이 없었지만, 수학은 우리 학원에 다녔으므로 1학년 2학기 때보다 나아지는 게 보였다. 그렇다고 코로나 이전의 학습 태도로 돌아간 것은 아니었다.

그 수준으로 회복하는 것은 소위 '정신 차린' 상태가 되기 전에
는 불가능하다고 생각했다.

중학교 2학년 2학기 중간고사 후 여행을 다녀오지 않았어
도, 코로나 사태가 없었어도 용가리의 학습 태도가 이렇게 달라
졌을지 지금도 궁금하다. 초등학생 때부터 공부 스트레스를 주
지 않기 위해서 수학을 제외한 다른 과목의 문제집은 사준 적도
없었다. 초등학교 4학년 때는 스치면서 말하는 힘들다는 말에
영어 학원도 끊었고, 코로나가 시작된 한 해는 별로 웃을 일은
없었지만 그렇다고 화를 내지도 않았다. 남들은 과도한 학습량
과 공부 스트레스 때문에 번아웃이 된다는데 용가리는 어떤 이
유로 그와 비슷한 상태가 되었는지 알 길이 없었다.

잔소리한다고, 학원에 보낸다고, 독서실에 가 있다고 공부
를 똑바로 하는 것이 아니라는 것을 직접 확인했다. 알아서 잘하
다가 갑자기 공부를 안 하게 된 이유가 너무 궁금하지만, 알게
된다고 달라질 것이 없기에 그냥 지금의 용가리를 응원하기로
했다. 내가 평정심을 잃으면 또 힘든 시기가 찾아오겠지만 더 노
력하기로 마음을 먹었다.

```
   ^   ^
 × +
 = ± =
```

아이를 위해
집에서 해야 하는 일

"집에서 제가 뭘 도와주면 좋을까요?"

신입생 상담을 마무리할 때 즈음에 집에서는 뭘 도와줘야 할지
물어보는 분들이 가끔 있다. 그러면 나는 이렇게 대답한다. "마음
에 안 드는 부분은 그냥 모르는 척하시고, 잘하면 많이 칭찬해 주
시면 됩니다. 혹시 잔소리 꼭 하실 일 생기시면 학원으로 전화 주
세요. 제가 대신 하겠습니다." 그래서 재원생 학부모 중에는 이런
부탁을 하는 분들도 종종 있다. "원장님, 애한테 복습 좀 하라고
말씀 좀 해주세요. 제 말은 이제 안 들어요." 현명한 선택이다.

원장의 자격으로 다른 선생님 수업에 들어가서 이런저런

이야기를 가끔 해주는데 그 얘기가 아이들에게 기억에 남는 모양이다. 학부모 상담을 하다 보면 원장 선생님이 오늘 이런 이야기했다고 아이들이 전했다는 이야기를 해 주신다. 그러면서 "저도 똑같이 여러 번 이야기했는데 그건 기억도 못해요."라고 덧붙이는 분들이 많다.

맞다. 아이들은 똑같은 말을 들어도 누구에게 들은 것인지에 따라 반응이 크게 달라진다. 좋아하는 선생님의 수업은 귀에 더 잘 들어오고 그렇지 않은 수업은 잠만 솔솔 온다. 선생님의 수업조차도 호불호가 있는데 이미 잔소리를 하는 존재로 각인된 부모가 하는 말은 기억에 자리 잡기가 힘들다. 그래서 혹시 집에서 잔소리할 게 있으면 내 입을 빌려드린다고 말씀드리는 것이다. 조금이라도 말이 더 먹힐 것 같으니까. 또 실제로도 더 먹힌다.

2022년에 고등학교 2학년이 된 용가리는 코로나가 시작된 2020년 중학교 3학년 때부터 공부에서 조금씩 멀어졌다. 부모의 잔소리로 다시 공부에 가까워지도록 할 수 없다는 것을 잘 알지만, 나태한 모습을 보고만 있기는 정말 힘들었다. 참고 참다가 결국 한마디 던지고는 후회한 적이 여러 번 있다.

용가리에 대한 답답한 속마음을 다섯 살 위의 누나에게 자주 털어 놓곤 했다. 마침 은퇴 후 한문학을 공부하던 누나는 《맹자》에 자기 자식을 가르치기 어려운 이유가 잘 나와 있다고 했다. 맹자와 그의 수제자 공손추가 나눈 대화 원문까지 직접 찾아보고 나서야 지금의 상황이 이해가 되었다. 아버지가 하는 이야기의 내용이 아무리 좋아도 아들에게는 잔소리밖에 되지 않는다는 내용이었다. 우리 학원에 다니는 아이들에게 나는 좋은 멘토지만 정작 내 아들에게는 그런 역할을 할 수 없다는 사실이 안타까웠다. 용가리의 친구, 학교 선배, 혹은 선생님 중에 좋은 이야기를 해 줄 수 있는 사람이 있었으면 하는 마음이 정말 간절했다.

÷

아이와의 올바른 대화법

중학교 3학년에서 고등학교 1학년 시기를 지나면서 내가 좋다고 꺼낸 이야기들은 대부분 학습과 관련된 쪽으로 연결되어 있었다. 또 용가리가 관심을 보일만 한 이야기로 대화를 시작해도 결국 공부에 관한 방향으로 흘렀다. BTS 이야기로 시작했는데 그 소속사의 대표가 서울대를 졸업했다는 것으로 이어지거나, 유명 게임인 〈배틀 그라운드〉에 관해 이야기하다 그 게임을 개발한 회사 대표가 카이스트 출신이라고 말하는 식이었다.

그러니 내 입에서 이야기가 시작되기만 하면 아이의 표정이 굳어졌다. 결국 공부 더 열심히 하라는 것 아니냐는 눈빛이었다. 내 소꿉친구도 비슷한 상황을 겪고 있다고 푸념했다. 아이들이 좋아하는 남자 아이돌 그룹 이야기를 꺼냈다가 잘 알지도 못하면서 이야기한다는 핀잔만 들었다고 했다.

늘 아들과 친한 아빠를 추구해왔는데, 부자의 대화는 더 이상 재미있지 않았다. 공부와 관련해서는 멘토의 역할을 할 수 없다는 것이 분명했기에 예전처럼 말이 통하는 아빠라도 되고 싶었다. 그래서 아이가 관심을 보이는 주제에 관해서만 이야기를 하고 학습과의 연결성도 굳이 찾으려고 노력하지 않았다. 다행히 아들은 스포츠를 좋아하고 나 역시 그랬기에 스포츠에 관한 이야기를 꺼내면 꽤 재미있는 대화를 이어 나갈 수 있었다. EPL에서 득점왕이 된 손흥민 선수로 시작해서 주급이 15억 원으로 인상된 프랑스의 음바페 선수로 연결되었던 어느 저녁 식사 중의 대화는 꽤 괜찮았던 것 같다.

부모에게서 공부 스트레스를 받는 상황에서는 부모가 말하는 어떤 좋은 이야기도 귀에 들어오지 않는다. 아이들은 부모와의 대화에서 '공부'라는 키워드를 예민하게 짚어내고 좋은 이야기조차 또 다른 형태의 '공부 압박 신호'로 받아들인다. 그래서 속마음은 따로 있을지라도 적어도 겉으로는 '사고 치지 말고 건강하게만 자라다오'라는 태도를 견지해야 한다. 그러고 나면 부모와 자식 간의 진짜 대화가 시작될 수 있다.

÷

무엇보다 부모의 노력이 가장 중요하다

성적의 좋고 나쁨을 떠나 아이가 그 과정에서 최선을 다한다면 부모가 성을 낼 일은 별로 없다. 그럴 때는 부모가 멘토의 역할을 할 수 있다. 문제는 부모가 원하는 수준에 아이가 도달하지 못할 때 발생한다. 맹자는 이럴 때 부모가 성을 내서는 결코 상황을 개선할 수 없다고 말했다. 나는 그것을 직접 체험했다.

아이가 공부를 똑바로 안 해서 부모는 속이 터지고, 더 나아가 배신감마저 느끼고 있는 상황이면 잔소리로 이 상황을 통제하거나 나아지게 만들기는 어렵다. 그래서 부모가 직접 상황을 바꿀 수 있는 것이 없다는 사실을 인정하는 것이 필요하다. 용가리처럼 스스로 알아서 잘하던 아이가 갑자기 학습에 소홀해졌을 때, 과거를 곱씹으며 비교하는 것도 절대 금물이다. 그래야 바닥을 찍은 상황에서 작은 성취에도 기뻐하고 감사하며 격려할 수 있게 된다.

그에 앞서 조금이라도 나아지는 모습을 보려 한다면 무엇보다 소원해진 아이와의 관계를 예전처럼 회복하는 것이 가장 필요하다. 그 노력은 자식이 할 수 있는 것이 아니다. 오롯이 부모의 몫이다. 성적은 그 뒤의 문제다.

$$\begin{matrix} \wedge & & \wedge \\ \times & & + \\ = & \pm & = \end{matrix}$$

문제집의 정답률

"《최상위 수학》을 풀면 80% 정도 맞혀요. 선행을 나가도 될까요?"

"《쎈》을 풀면 C단계 50% 정도인데 《최상위 수학》을 풀 수 있을까요?"

"아이가 《일품》은 풀었는데 마지막 단계는 좀 힘들어하네요. 다음 책은 뭐가 좋을까요?"

유튜브 채널을 시작하고 많이 받았던 질문이다. 당시에는 채널을 시작한 초기였고, 관심을 주는 것만으로 감사했기 때문에 크게 무리가 없는 선에서 답변을 했었다. 지금은 이러한 질문에 아래와 같은 답변을 드린다.

"학생의 실력을 알 수 없으므로 답변을 해 드릴 수가 없습니다."

모두 학생의 '실력'을 알아야 답을 할 수 있는 질문들이다. 학부모는 《최상위 수학》 정답률 80%, 《쎈》 정답률 50%를 근거로 이야기하고 있지만, 거기에는 큰 오류가 있을 수 있다. 채점의 오류를 말하는 것이 아니다. 문제집 채점의 결과는 정말 80%, 50%일 수 있다. 오류는 채점하기 전에 발생한다.

'실력은 오직 시험으로만 측정된다'가 내가 생각하는 실력에 대한 원칙이다. 학부모가 말하는 정답률은 시험을 치르는 환경에서 측정된 것이 아니므로 오류가 있다. 가령 같은 문제를 실제 시험과 같은 시간 안에 푸는 상황과 넉넉한 시간을 두고 푸는 상황은 그 결과에 차이가 있게 마련이다. "시간이 부족해서 못 풀었어요."라는 말은 시험을 마친 아이들에게서 쉽게 들을 수 있지 않던가. 제한 시간 내에 다 풀어낸 학생과는 차이가 분명히 있다.

문제를 풀 때 모르는 부분을 참고할 수 있는 상황과 그렇지 않은 상황도 마찬가지다. 생각이 나지 않는 공식을 찾아보고 잘 안 풀리면 좀 쉬었다가 풀기도 한다. 또 학교 선생님이나 같은 반의 우등생에게 물어볼 수도 있다. 최악은 직접 풀지 않은 문제가 채점되어 있는 상황이다. 해설을 참고해서 풀이 과정을 비슷하게 적고 채점하는 경우도 있다. 이렇게 온전한 자기의 능력으로 풀지 않은 문제를 그 학생의 실력으로 전부 인정하기에는 분명히 무리가 있다.

그러니 문제집만으로는 학생의 실력을 정확히 판단할 수 없다. 문제집을 선택할 때 실력에 맞지 않는 것으로 정했을 수 있고, 실력에 맞는 문제집을 선택해도 아이가 제대로 풀지 않는 경우도 많다. 만약 제대로 풀었어도 문제를 푸는 시간이 제각각일 수 있다. 문제집에서 어려운 문제는 하나도 풀지 않았음에도 자존심 때문에 풀었다고 대답하는 일은 정말 없어야 한다.

÷

실력의 측정 방법

고등학생은 모의고사 성적으로 실력을 가늠할 수 있다. 그렇다면 초등학생과 중학생은 어떻게 알 수 있을까? 물론 시험을 치는 것이 가장 좋다. 많은 학부모가 문제집의 정답률을 통해서 실력을 측정하려고 하는 경우가 많은데, 그건 시험을 치는 것보다 정확성이 떨어진다. 믿을 만한 학원에 가서 레벨 테스트를 치는 것이 좋다. 대충 실력에 맞는 문제집이나 남들이 추천하는 문제집을 풀면 될 것 같지만, 문제집을 풀면서 부족한 부분을 채우고 실력을 정말 올리기를 원한다면 우선 정확한 실력을 측정하는 것이 필요하다. 그래서 나는 실력의 '확인'이라 말하지 않고 실력의 '측정'이라 말한다.

실력을 측정하는 것은 의사의 진료와 비슷하다. 진료를 받으면 문제 원인과 해결책을 알게 된다. 이와 마찬가지로 레벨 테스트를 치면 어느 부분이 얼마나 부족한지를 알 수 있다. 만약 의사가 진료도 하지 않고 약부터 처방한다면 환자는 그 약을 믿고 먹을 수 없을 것이다. 혹은 전문적인 진료를 받지 않고 남이 먹는 약을 따라서 먹었을 때의 결과는 장담할 수 없다. 수학도 마찬가지다. 정확하게 실력을 측정하지 않고 대충 원하는 수업을 수강하고, 남들이 풀고 있는 문제집을 풀면 안 된다.

레벨 테스트를 치는 것은 사실 부모와 아이 모두에게 귀찮고 성가신 일이다. 게다가 아이는 자신의 진짜 실력이 드러나는 것이 두렵다. 부모 역시 내 아이의 실력이 평소 기대했던 것과 다르진 않을지 걱정한다. 하지만 정확한 진단이 치료의 시작인 것처럼, 정확한 실력 측정이 학습의 시작이다. 아이가 풀어놓은 문제집의 동그라미 개수를 세지 말고, 인근 학원에 가서 레벨 테스트를 받고 아이가 어떤 문제집의 어느 난이도까지 혼자 풀 수 있는지 물어야 한다. 그러고 나서 앞으로의 학습 방향을 정해도 늦지 않다. 학습 방향의 오류를 줄이면 성공할 가능성은 커진다.

좋은 문제집, 나쁜 문제집

아주 가끔이지만, 학원을 그만뒀던 학생이 다시 오는 때도 있다. 감사할 뿐이다. 우리 학원에서 채워주지 못하는 것이 있어서 다른 곳으로 옮겼을 텐데, 결국 다시 왔다는 것은 우리 학원만 한 곳이 없다고 결론을 내렸다는 것이니까. 중학교 3학년 5월에 학원을 그만뒀다가 고등학교 1학년이 되어 다시 온 주영이에게 물었다.

"그동안 어떤 문제집 풀었니?"

"《쎈》하고 《일품》요."

"《일품》?"

'아이고, 헛공부했겠구나'라는 생각이 뇌리를 스쳤다. 주영이를 초등학생 때부터 중학교 3학년 때까지 봤기 때문에 주영이의 실력을 빤히 알았다. 그래도 혹시나 하는 생각으로 레벨 테스트를 실시했다. 예상대로 점수가 낮았다. 실력에 맞게 공부해도 성적을 올리기가 쉽지 않은데, 실력에 맞지 않는 공부를 했으니 나아졌을 리가 없었다.

레벨 테스트 결과를 보면 학생의 실력은 금방 드러난다. 그와 함께 어떤 책으로 공부했는지 알면 최근 몇 개월 동안의 학습이 학생의 실력에 맞는 수준이었는지 알 수 있다. 수준에 맞지 않는 수업을 듣고 문제를 풀면 학생은 늘 바쁘고 힘들지만, 실력은 잘 늘지 않는다. 그러니 욕심을 부려 실력에 맞지 않는 수업을 듣는 것만큼 좋지 않은 방법도 없다. 실력이 늘지 않는 것에 그치면 차라리 다행이다. 힘들고 지쳐서 공부 자체에서 더 멀어질 수도 있다. 주영이에게 더 물어봤다.

"《일품》어렵지 않았니?"

"어려웠어요."

"근데 왜 그걸로 했어?"

"그냥 학원에서 사 오라고 하던데요."

÷

어려운 문제집이 무조건 좋은 건 아니다

부모는 내 아이가 좀 더 어려운 문제집을 풀었으면 하고, 학원은 그런 요구에 잘 대응한다. 이런 경향은 시험이 어렵게 출제되는, 소위 '빡센' 학교를 다니는 경우 더 두드러진다. 그도 그럴 것이, 아이가 다니는 학교의 시험 문제만큼 어려운 문제집을 풀어야 성적이 오를 것이라고 생각하게 된다. 가끔 이런 대화가 오가기도 한다.

"C반에 배정되면 어떤 문제집을 푸나요?"
"《쎈》 풉니다."
"그러면 심화 문제는 다루지 않나요?"
"네, 다루지 않습니다."
"우리 애 학교는 심화 문제가 나오는데 안 풀어도 시험
잘 칠 수 있나요?"

이런 질문을 받을 때마다 나는 이렇게 대답한다. "학생이 우선하여 공부해야 하는 문제는 실력에 맞는 문제지 중간·기말고사에 나오는 마지막 문제가 아닙니다."

학생들은 평소에 틀렸던 문제를 시험에서도 틀린다. 잘 모

르는 부분을 철저히 복습하지 않은 탓이다. 처음 풀었을 때는 틀렸지만 이후에는 절대로 틀리지 않는 학생들이 소위 1% 이내의 학생들이고, 극상위권이다. 그러니 공부 잘하는 옆 친구가 푸는 문제집을 풀지 말고, 본인의 실력에 맞는 문제집을 선택하고 처음에 틀렸던 문제는 다시 틀리지 않도록 공부해야 한다. 이것이 수학 공부의 핵심이다. 가끔 어떤 문제집이 좋은지 질문을 받는다. 내 대답은 항상 똑같다. 실력에 맞는 문제집이 좋은 문제집이고, 그렇지 않은 것들은 모두 나쁜 문제집이다.

자체 교재 vs 시중 교재

"학원에서 자체 교재를 쓰나요?"

"아니요. 시중 교재 씁니다."

"어떤 교재 쓰는지 알 수 있을까요?"

"네, 레벨마다 다른데 A반은《에이급 수학》, B반은《고쟁이》, C반은…"

프랜차이즈 간판을 달고 있었던 초창기 10개월간은 본사에서 공급하는 책을 사용했고, 그 이후에는 줄곧 시중 교재를 사용했다. 요즘엔 출판사도 많고 교재도 난이도별로 세분되어 나오기 때문에 특별한 이유가 없으면 시중 교재 중 수업에 맞는 것을 선정해서 사용한다.

자체 교재를 사용하는 학원이 더 좋다고 알려졌던 시절이 있었다. 자체 교재를 사용하는 학원은 왠지 필요한 문제만 정리해서 더 효과적이고 효율적인 수업을 할 것 같은 이미지 때문이었다. 그래서 상담 전화를 받으면 자체 교재 사용 여부를 확인하고, 시중 교재를 쓴다고 하면 더 이상의 상담이 진행되지 않았던 적도 종종 있었다. 그런데 자체 교재에 대한 학부모들의 우호적인 생각과는 달리, 일부 학원에서 자체 교재는 학원이 정한 수업료와 교육청 기준 수업료의 차액을 보전하기 위한 도구로 쓰이기도 했다.

프랜차이즈 본사에서 받아서 사용한 교재의 품질이 시중 교재보다 좋다고 생각한 적은 한 번도 없었다. 상담 전화가 왔을 때 '우리 학원도 자체 교재를 사용한다'라고 힘주어 말할 수 있었던 것 외에 교재로서의 우수성은 전혀 없었다. 그리고 프랜차이즈 계약을 해지하면서 모든 교재를 시중 교재로 바꾼 뒤로 교재 때문에 불편했던 적은 한 번도 없었다.

÷

특이한 교재를 찾지 마라

어떤 문제집은 이래서 좋지 않고 어떤 문제집은 저래서 좋다. 문제집 A가 B보다 어렵다. 이런 평가는 모두 개인적인 의견이다. 물론 평균적으로 더 어렵다고 평가되는 문제집이 분명히 있지만 절대적이지는 않다. 최근에는 '같은 이름의 문제집을 계속 사용하지 마라'라는 말도 들었다. 어떤 근거에서 누가 이런 말을 했는지 모르지만 황당할 뿐이다. 우리 학원을 오래 다닌 학생들은 매 학기 같은 이름의 문제집을 사용했지만 지금껏 그것이 문제인 적은 없었다. 이 말을 처음 한 사람도 매 학기 《수학의 정석》(성지출판)이나 《쎈》으로 고등 수학을 공부했을 텐데, 그 사실을 잊은 것 같다.

학부모들이 아는 유명한 교재들은 다 좋은 교재다. 대형 출판사의 우수한 집필진이 모여서 검증해서 만들었으니 실력에 맞는 교재를 선택해서 쓰면 된다. 굳이 새로 나온 교재나 남들이 잘 사용하지 않는 특이한 교재를 찾으려 노력할 필요도 없다. 이미 많은 사람에게 검증되어 잘 알려진 그 교재가 아이의 실력에 맞으면 더 좋은 교재가 된다.

3장

올바른 수학 학습으로
가는 길

심화는 어디까지 해야 하나?

'심화深化'의 정확한 뜻은 '정도나 경지가 점점 깊어짐. 또는 깊어지게 함'이다. 그런데 수학 공부에서는 어렵다는 의미로 자주 쓰인다. 그래서 심화 문제집은 어려운 문제집을 의미하고 심화 수업은 어려운 문제를 학습하는 수업으로 통용된다. 그래서 남들 다하는 심화 문제집을 안 풀거나 심화 수업을 수강하지 않고 있으면 뒤처지는 느낌이 들게 된다.

실력이 좋으면 내용을 남들보다 빨리 이해할 수 있다. 실력이 좋지 않다면 한 학기동안 어떻게 공부하는 것이 좋을까? 같은 시간에 많은 양을 소화할 수 있고, 실력이 아주 좋은 학생들이 푸는 어려운 문제집을 푸는 게 중요한 것이 아니다. 실력에 맞는 문제집을 열심히 풀면 된다. 신입생 레벨 테스트를 하고 반 배정을 하다 보면 이런 대화가 오간다.

"길동이는 일단 현행 C반에 배정합니다."
"원장님, 그 반은 어떤 교재 푸나요?"
"네, ○○○○ 풉니다."
"그 책 길동이는 이미 풀었는데요."
"네, 테스트 성적으로 볼 때 다시 풀어야 합니다."
"생각 좀 해보고 연락드릴게요."

이런 경우 레벨 테스트만 치고 등록을 하지 않을 때도 있다. 실력대로 반 배정을 하는데도 같은 문제집을 이미 풀어봤다는 이유로 거부감을 표한다. 레벨 테스트에서 그 문제집과 같은 수준의 문제를 제대로 못하는 것이 확인되었음에도 그 정도 문제는 다시 공부할 필요가 없다고 생각한다.

대부분 학원은 학생들의 실력보다 어려운 책을 수업 시간에 다룬다. 여기서 핵심은 학생의 실력과 문제집의 난이도 간의 격차다. 그 차이가 적정해야 한다. 차이가 작거나 아예 없으면 열심히 풀어도 실력 향상에 별로 도움이 되지 않고, 차이가 너무 크면 열심히 풀 수가 없다.

÷

결과는 과정을 따라간다

보통의 수학 문제집들은 대부분 1~3단계로 구성되어 있다. 1단계를 잘 풀었다면 그다음 풀어야 하는 문제는 2단계지 3단계가아니다. 예를 들어, 2단계를 지난 학기에 70% 정도 풀어낸 학생이 똑같은 수준으로 공부하면 이번 학기에도 2단계의 70%만 풀수 있는 상태로 한 학기가 마무리된다. 배운 범위가 늘면서 알게된 것도 늘었지만 실력이 좋아지진 않았다. 진짜 실력을 키우기위해서는 이전 학기보다 2단계를 70%를 훌쩍 넘어서는 수준까지 풀어낼 수 있도록 반복 학습으로 노력해야 한다. 2단계에 대한 이해도와 해결력을 그대로 두고 3단계에 도전한다고 해서 더빨리 실력이 늘지도 않는다. 오히려 시간만 허비하게 될 가능성이 더 크다. 2단계를 더 잘 풀어내려 노력하는 것이 중요한 이유는 2단계가 결국 3단계를 풀어낼 수 있도록 하는 밑거름이 되기때문이다. 실제로 어려운 문제에 대한 해결력이 많이 부족한 경우는 그 이전 단계의 문제가 충분히 학습되지 않은 상태에서 과하게 어려운 문제를 풀 때 생긴다. 예를 들면 기본-응용 문제집을 꼼꼼하게 공부하지 않고 어려운 문제집에 도전하는 경우가그렇고, 초등 수학을 대충 공부하고 중등 수학으로 빨리 넘어가는 것도 마찬가지다.

중간·기말고사의 점수는 그 학기의 학습 과정을 보여주는 결과물이다. 간혹 과정이 좋았지만, 결과가 그에 못 미치는 때도 있다. 하지만 이렇게 과정과 결과가 크게 차이가 나는 상황이 매번 반복되지는 않는다. 결국, 결과는 과정을 따라간다. 좋은 결과를 기대하려면 먼저 좋은 과정이 될 수 있는 환경을 만들어야 한다. 그 환경이 바로 실력에 맞는 수업이다. 그래야 열심히 하는 태도도 끌어낼 수 있다.

90점이 목표인 학생이 있다. 지난 학기에 70점을 받았는데 이번 학기에 75점을 받았다면 일단 작은 성공은 이룬 셈이다. 계속 이렇게 작은 성공을 이루다 보면 어느새 90점에 도달하게 된다. 70점에서 75점이 되는 데 필요한 5점은 남들도 다 틀리는 마지막 번호의 어려운 문제가 아니다. 조금 열심히 노력하면 맞힐 수 있는 수준의 문제다. 그런 문제를 1~2개 더 맞히면 된다. 감당하기 힘든 어려운 문제를 먼저 공부하는 것은 효과적이지도 효율적이지도 않다.

무리한 학습은 역효과를 부른다. 어려운 문제에 시간은 투자했지만 단계적으로 학습하지 않았기 때문에 어려운 문제뿐 아니라 그보다 쉬운 문제도 똑바로 풀지 못할 수도 있다. 열심히 공부한 것 같은데 그만큼의 좋은 결과가 돌아오지 않으면 공부에 대한 흥미도 점점 떨어진다. 어른한테 '돈 버는 재미'가 있는 것처럼 학생들에게는 '성적 올리는 재미'가 있어야 힘든 공부를 계속해 나갈 수 있다.

한 학기에 모든 것을 이룰 수는 없다. 70점을 받았던 아이가 75점을 받았다. 이 아이를 조금씩 앞으로 나아가도록 하는 것은 90점에 도달하지 못한 -15점에 대한 질책이 아니다. 열심히 노력해서 올린 5점에 대한 진심 어린 칭찬과 격려다. 심화는 그렇게 조금씩 깊어지는 것이다.

^ ^
× +
= ± =

수학 실력이 올라가는 원리

실력이 A라는 말은 다음의 그림과 같이 간단히 설명된다. A를 현재 자신의 수학 성적으로 바꿔 생각하면 현실감이 더 있을 것이다.

[그림 1-1] 수학 실력 확인 그래프

이 상황에서 실력이 좋아지기 위해서는 어떻게 해야 할까?

간단하다. '혼자서 풀 수 있는 문제'의 범위를 넓히면 된다. 말은 쉬운데, 실천은 어렵다. 평상시에 학생들이 어떤 식으로 공부를 하는지를 확인해 보자. 실력에 맞는 문제집으로 공부하면 '틀린 문제'가 생기게 된다. '풀어본 문제'를 평소 사용한 문제집으로 생각하면 이해가 빠를 것이다. 이 문제집을 이용하여 틀린 문제에 집중해서 공부하면, A에서 B로 실력을 올릴 수 있다.

÷

실력 향상의 핵심

독학하든, 학원에 다니든, 과외를 하든, 실력의 향상은 어떻게 공부하느냐에 달려있다. 틀린 문제에 집중하지 않고 아는 문제를 기계적으로 푼다거나 감당하기 어려운 문제를 풀려는 경우가 있는데 이들 모두 효율적인 방법은 아니다. B 이상의 문제는 학생의 실력을 많이 넘어선 문제이므로 우선하여 푸는 것을 권하지 않는다.

이전보다 빨리 풀게 된 것은 분명히 실력이 좋아진 것이지만, 그것이 실력 향상의 핵심은 아니다. 또한 아주 어려운 문제를 풀기 위해서 오랜 시간 깊이 생각하는 것은 실력 향상에 도움은 되어도 효율적이지는 않다. 둘 다 틀린 문제에 집중하는 방법이 아니기 때문이다. 그럼 틀린 문제를 파고 들어가 보자. 틀린 문제에 대해서는 선생님의 설명을 들을 수 있다.

[그림 1-2] '틀린 문제' 세부 비교

- 처음 풀 때 대충 푼 문제 혹은 실수(⇒다시 풀면 맞히는 문제)
- 선생님의 설명이 필요한 문제(⇒복습하지 않으면 못 맞히는 문제)

틀린 문제는 위와 같은 두 종류의 문제로 다시 나뉜다. 여기서 A는 앞선 예시[그림1-1]에서 말했듯이 '현재 자신의 수학 성적'이다.

실력이 A에서 B로 올라가기를 원한다면, 틀린 문제의 대부분을 차지하는 '복습하지 않으면 못 맞히는 문제'에 집중해야 한다. 그리고 그 집중하는 방법은 선생님의 설명을 열심히 듣는 것에서 끝나는 것이 아니라 복습을 완벽하게 하는 데 있다. 복습을 반드시 해야 하는 이유는 혼자 풀어낼 수 있어야 하기 때문이다. 선생님의 도움을 받고 문제를 풀면 그것은 아이의 실력이 아니다. 틀린 문제를 또 틀리는 이유는 도움을 받아서 푼 문제를 착각하고 다시 공부하지 않기 때문이다.

÷

수학, 세 가지만 실천하라

중간·기말고사에 등장하는 문제는 아래의 구조로 이루어진다. 대략 80점 정도를 받는 시험지를 예로 살펴보자.

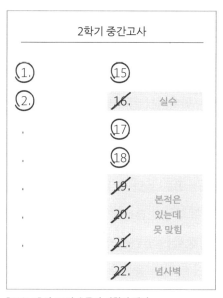

[그림1-3] 약 80점 수준의 시험지 예시

이 시험의 틀린 문제에서 특히 언급하고 싶은 부분은 '본 적 있는 문제'에 대해서다. 본 적이 있다는 것은 풀어본 적이 있고, 그 후 설명까지 들었던 그런 문제다. 설명을 들었지만, 혼자 풀 수 있는 능력은 만들지 못했기 때문에 결국 또 틀리게 된다.

① 실력에 맞는 문제를 풀어라.

② 틀린 문제에 집중하라.

③ 틀린 문제는 혼자 풀 수 있을 때까지 공부하라.

수학은 이 3가지만 계속 실천하면 된다.

$$\begin{matrix} \wedge & & \wedge \\ \times & & + \\ = & \pm & = \end{matrix}$$

1×3 > 3×1

"한 학기에 문제집 몇 권 푸나요?"

"반마다 좀 다른데 두꺼우면 1권, 얇으면 2권 풉니다."

"숙제는 많나요?"

"아니요. 숙제로 힘들게 하고 싶지 않습니다. 그럴 필요
도 없고요."

어떤 학원은 하루에 300문제를 숙제로 낸다는 소문을 들은
적이 있다. 유명한 수학 문제집인 《쎈》의 한 학기 문제 수가
1,200~1,300개이니, 그 학원의 숙제가 얼마나 많은지 가늠할 수
있을 것이다. '우리 애 다니는 학원도 그래요'라고 생각하는 독

자도 있을 것 같다.

일반적으로 학원에서는 틀린 문제를 여러 번 풀도록 하기 때문에 크게 신경 쓰지 않아도 된다. 하지만 독학하거나 학원 수업과 상관없이 개인 문제집을 풀고 있는 경우라면 문제집 푸는 방법을 정확하게 알아야 한다. 무작정 양치기를 하는 것이 비효율적인 방법이다. 1×3 > 3×1이라는 이상한 식이 있다. 이 식은 1권을 3번 푸는 것이 3권을 1번씩 푸는 것보다 낮다는 것을 의미한다. 왜 그런지 지금부터 예를 통해서 확인해 보자.

수학 실력이 같은 두 학생 A와 B가 문제집을 푼다. A는 (가) 문제집 1권을 3번씩 풀고, B는 (가), (나), (다) 3권의 다른 문제집을 1번씩 푼다. A는 (가) 문제집을 처음 풀고 나서 틀린 문제에 집중하는 방식으로 후속 공부를 한다. 1권의 문제집에서 혼자서 못 푸는 문제를 없애나가는 방식이다.

B 역시 (가) 문제집을 풀었을 때 A와 같은 수준으로 틀린다. 하지만 같은 문제집을 반복 학습하면서 틀린 문제에 집중하는 A와 달리, B는 다른 문제집 (나)를 후속으로 푼다. 그리고 또다시 (다) 문제집을 사서 푼다. 문제집을 3권이나 풀지만 틀린 문제의 수는 좀처럼 줄지 않는다. (가)⇒(나)⇒(다)로 넘어가면서 문제집이 점점 어려워진다면 틀린 문제 수는 더 늘어날 수도 있다. B가 문제집을 여러 권 풀어도 틀리는 문제수가 줄어들지 않는 이유는 틀린 문제를 다시 공부하지 않기 때문이다. 틀렸는데

공부하지 않은 문제는 당연히 다시 틀리게 된다. 결국 아는 문제만 3번 풀게 되는 셈이다.

A는 1권을 풀었지만, 최종적으로 그 문제집의 모든 문제를 풀 수 있게 된다. B가 풀지 못하는 어려운 문제를 풀어낼 수 있는 실력이 생긴 것이다. 그래서 다음 문제집으로 넘어갈 때 더 어려운 문제집을 선택해도 무리가 없다. 같은 방법으로 틀린 문제를 없애 나가며 실력을 계속 쌓을 수 있다.

÷

약점을 공략해 없애라

지금까지 설명한 방법은 사실 실력이 올라가는 핵심 원리와 완전히 궤가 같다. 풀지 못한 문제가 바로 약점이고, 약점을 공략하면 실력이 올라간다. 틀린 문제에 대한 공략 없이 여러 권의 문제집을 푸는 경우가 많지만 정확하게 이해하지 못한 문제는 반드시 다시 틀린다. 문제를 많이 풀면 아는 문제를 더 빠르게 풀 수 있지만, 그것이 실력을 올리는 핵심은 아니다. 처음 풀어서 맞힌 문제를 다시 푸는 큰 의미가 없다. 틀린 문제를 혼자 풀 수 있도록 하는 것이 문제집을 푸는 이유다. 이런 의미에서 1×3 > 3×1은 '참TRUE'이다.

$$\begin{matrix} \wedge & & \wedge \\ \times & & + \\ = & \pm & = \end{matrix}$$

숙제를 하지 않는 아이

"원장님, 민태는 숙제는 채점하면 다 맞는데 일일 테스트
는 거의 다 틀려요."

"수업 시간에 문제는 어떻게 푸나요?"

"옆에 친구 푸는 것 보면서 대충 흉내 내고 있습니다."

중학생이 수강하는 고등 수학 선행 수업을 담당하는 선생님과
나눈 대화다. 아마 선행 학습이 주된 수업인 학원에서는 이런 상
황이 더 자주 있을 것 같다. 숙제는 여러 방법을 동원해서 채워
오지만 정작 본인은 그 내용을 소화하지 못하는 상황 말이다.

학생이 숙제를 안 하는 이유는 배운 것을 아는데 하지 않거나, 몰라서 못 하는 경우밖에 없다. 학부모는 아이가 숙제를 안 하면 대부분 전자의 경우로 생각하지만 후자인 경우도 많다. 내용을 잘 모르니 숙제를 못 하는 게 당연하다. 아이가 배운 것을 이해하지 못했다는 사실을 시원하게 털어놓으면 문제가 쉽게 해결될 수 있지만, 그렇게 이야기하는 것은 쉽지 않다.

학생은 나태하고 성실하지 못했다고 야단을 맞을 것이 두려워 잘 모른다는 사실을 숨기게 된다. 결국 곪아 터져서 드러나게 된다. 숙제는 다 맞는데 테스트는 다 틀리는 민태가 전형적인 그 예였다. 그래서 내가 먼저 전화를 해서 상황을 설명하고 수업을 중단시켰다.

학생이 열심히 노력하는데도 몰라서 숙제를 할 수 없는 상황이면 반 배정이 잘못된 거다. 이때는 수업의 수준을 낮추거나 낮은 레벨로 반을 변경하는 등의 조치를 해서 다시 회복할 수 있도록 기회를 주면 된다. 민태의 경우처럼 선행 학습을 완전히 중단하고 현행 학습에 집중하도록 하기도 한다.

÷

학원 신입생의 숙제

신입생 평소 숙제에 소홀한 학생이면 학부모와의 입학 상담에서 최소한 숙제는 다 해오겠다고 약속할 것을 먼저 요구하기도 한다. 우리 학원의 그렇게 많지 않은 양의 숙제조차 똑바로 하지 않을 것이라면 아예 시작하지 않는 것이 낫다고 생각하기 때문이다. 학생이 숙제를 소화하지 못할 때 더 아래로 내릴 레벨이 없는 경우라면 더욱 그렇다. 다짐을 받고 수업을 시작했음에도 숙제를 밥 먹듯이 안 하는 상황이 발생하면 퇴원 조치를 할 수밖에 없다. 이게 학생, 학부모, 학원 모두에게 제일 나은 선택이다. 다행히도 학원을 운영하면서 이런 상황은 거의 없었다.

수업을 시작한 초기에는 몰라서 숙제를 못 하는 상황이 잘 관찰되지 않는다. 수업의 내용이 과정의 초반이면 배우는 내용이 비교적 쉽고, 학원을 바꾸면 처음에는 열심히 하는 경향이 있기 때문이다. 시간이 흘러 학원에 적응하고 수업이 진행되면서 앞에서 배운 내용이 새로 배우는 내용에 영향을 주기 시작하면 슬슬 문제가 나타나게 된다.

이를 담당하는 선생님이 모를 수 없다. 만약 눈치를 못 챘다면 선생님이 학생에게 관심이 없거나 혹은 관심을 둘 수 없을 만큼 수업을 받는 학생이 너무 많기 때문일 것이다. 만약 이런 상황임을 알고도 학부모에게 연락하지 않는다면, 학생이 줄어드는 것을 꺼려서 침묵하는 상황으로밖에 볼 수 없다.

÷

숙제는 공부의 시작이다

아이가 숙제를 똑바로 안 해서 학원으로부터 상담 전화를 받게 되면 가장 먼저 해야 할 일은 무엇일까? 대부분은 아이에게 잔소리를 할 것이다. 그런데 그 전에 먼저 그 수업이 정말 아이의 실력에 맞는 수준의 수업인지, 부모의 욕심으로 무리하게 어려운 수업에 밀어 넣지는 않았는지 한 번 생각해 봐야 한다. 그렇다면 아이를 채근하기보다는 수업을 바꿔야 한다. 야단친다고 나아지는 상황이 아니기 때문이다.

아이는 열심히 하고 있는데 다른 학생과 차이가 있고, 그것 때문에 힘들어한다면 레벨을 낮춰서 공부할 수 있도록 하는 것이 좋은 대처가 된다. 사람은 주변 사람보다 잘나야 자신감도 생기고 열심히 할 맛도 나는 법이다. 그래서 이해하기 어려운 수업을 억지로 따라가면서 힘들어하고 있다면 시도해 볼 수 있다.

부모로서 아이가 어려운 것을 피하고 쉬운 방향으로만 가게 될까 걱정할 수도 있다. 결국 선택의 문제다. 어려운 것을 하면서 버티길 바랄 것인지, 좀 덜 어려운 것을 하면서 아이의 자신감을 되찾아 줄 것인지 골라야 한다. 그냥 일방적으로 결정할 것이 아니라 아이와 상의해서 결정하는 것이 좋다. 자기가 선택한 것에 대한 책임감을 느끼면 좀 더 열심히 하게 될 수도 있다.

숙제는 공부가 아니다. 공부의 시작이다. 배운 것에서 잘 이해한 부분과 그렇지 않은 부분을 구분할 수 있도록 하는 최소한의 도구다. 그래서 숙제가 잘되고 있지 않다는 것은 시작이 제대로 되지 않고 있다는 의미다. 그러니 숙제가 어려워서 할 수 없는데 야단을 치는 것은 무슨 의미가 있겠나. 잘못 잠근 첫 단추를 그대로 두고 계속 잠그는 꼴이다. 잘못 잠근 단추를 찾았으면 다시 다 풀고 그 단추부터 다시 잠가야 한다. 그게 가장 바르고 빠른 대처 방법이다.

$$\begin{matrix} \wedge & & \wedge \\ \times & & + \\ = & \pm & = \end{matrix}$$

숙제하는 이유와 방법

숙제하는 방법을 배운 신입생은 본 적이 없다. 나도 학원을 시작한 초기에는 숙제하는 방법을 알려 주지 않았다. 숙제를 어떻게 하는 것이 정확한 방법인지 심각하게 고민해 보지 않았기 때문이다. 아이들이 해 온 숙제를 하나하나 채점하면서 학생들이 '다 했다.'고 말하는 숙제도 각기 수준이 다르다는 것을 확인했다. 그 뒤로 똑바로 숙제하는 방법과 그렇게 해야 하는 이유를 알려 주기 시작했다.

어느 해 겨울 방학에 예비 중1 수업을 담당한 적이 있다. 그 수업에서 만난 민우는 숙제를 조금씩 덜 하는 아이였다. 어느 날 민우가 평소와는 달리 밝은 얼굴로 숙제를 내밀며 말했다.

"선생님, 숙제 내주신 것보다 2장 더 풀었습니다."

채점하려고 책을 펼치니 정말 2장이 더 풀려 있었다. 그날 흐뭇하게 미소를 지었던 민우의 표정이 아직도 기억난다. 평소와는 다르게 첫 페이지부터 가지런하게 적혀 있는 풀이 과정에서 감이 확 왔다. 글씨도 얼마나 예쁘던지. 직접 숙제 채점을 몇 번만 해 보면 아이의 글씨체와 풀이 과정의 형태까지도 기억한다. 그 숙제는 민우가 푼 것이 아니었다. 채점하기 싫었지만, 다른 학생들 보는 눈도 있어서 일단 내색하지 않았다.

쉬는 시간에 민우를 원장실로 불렀다. 그리고 아무 말도 하지 않고 이번에 숙제를 한 부분과 이전에 푼 부분을 보여주었다. 민우 얼굴을 보며 내가 씩 웃었다. 민우는 상황을 파악한 듯 고개를 숙였다.

"죄송합니다."
"나한테 죄송하다고 하지 말고 엄마한테 자수하고 죄송하다고 해라. 난 따로 전화하지 않을 테니."

시간이 지나고 다른 일로 민우 엄마랑 통화하게 되었다. 통화가 끝날 무렵 넌지시 그때의 일을 물어봤다.

"민우가 그때 그런 일이 있었는데 집에 가서 이야기하던
가요?"

"아, 그런 일이 있었어요? 이야기 안 하던데요."

속았다. 그래도 괜찮다. 이미 고등학생인 민우는 그때와는
달리 정말 열심히 공부하고 있으니까.

÷

숙제를 하는 올바른 방법

수학 실력이 뛰어난 학생일수록 어려운 문제를 만나면 생각을
오래하고 그래도 안 풀리면 질문한다. 문제를 풀기 위해서 고민
했기 때문에 설명을 들었을 때 빨리 이해할 수 있다. 반면 실력
이 좋지 않은 학생일수록 고민하지 않고 다음 문제로 그냥 넘어
간다. 아무 답이나 적기도 한다.

이것이 태도다. 태도는 그대로 실력으로 이어진다. 실력이
좋지 않을수록 아이들은 '숙제 자체가 공부다', '숙제는 다 채워
가야 하는 것'이라고 생각한다. 나는 이 생각을 '숙제는 공부의
시작이다', '숙제는 혼자의 힘으로 푸는 것'으로 바꿔 주고 싶다.
본격적으로 학습을 시작할 때 아이에게 숙제하는 방법을 알려
주자. 왜 그렇게 해야 하는지를 알고 수긍하면 똑바로 할 가능성

도 커진다.

　숙제하는 방법은 두 가지다. 첫째, 문제는 반드시 스스로 푼다. 물어 보는 것도 해설을 참고하는 것도 안 된다. 오직 가능한 것은 이해하지 못한 부분을 다시 공부하고 필요한 공식을 외우는 것이다. 둘째, 혼자 풀지 못한 문제는 미리 'X'표를 한다. 어차피 채점이라는 거름망에 걸릴 문제다. 실력을 올리는 비법은 못 푼 문제에 집중하는 것이다. 숙제를 하는 궁극적인 목적이 혼자서 풀 수 있는 문제와 그렇지 못한 문제를 구분하기 위함임을 아이들이 알게 해야 한다. 그러면 숙제가 공부가 아니라 공부의 시작이라는 것을 깨달을 것이다. 남들보다 조금 빨리 깨닫게 될지도 모른다.

$$\begin{matrix} \land & & \land \\ \times & & + \\ = & \pm & = \end{matrix}$$

오답 노트는 왜 하나?

"오답 노트는 확인하나요?"

"선생님마다 방법이 조금씩 다른데 크게 중요하다고 생
각하지 않습니다."

"그럼 틀린 문제는 어떻게 관리하나요?"

"틀린 문제는 오답 노트에 적어서 관리한다고 맞힐 수 있
는 것이 아닙니다. 다시 공부해 오면 되고, 공부를 했는
지는 오답 노트 검사가 아니라 시험으로 판단합니다."

쉬는 시간에 가끔 다른 선생님의 강의실에 들어간다. 스마트폰
을 보는 학생이 대부분이고 막간을 이용해서 오답 노트를 급하

게 정리하는 학생도 있다. 그런 아이들에게는 이렇게 말해준다. "오답 노트 그렇게 할 거면 그냥 쉬어. 그거 급하게 적어서 검사만 받으면 뭐하냐?"

검사를 하면 아이들은 검사를 받기 위한 작업을 한다. 성적이 낮을수록 더 그렇다. 숙제를 검사하면 성적이 좋은 학생은 숙제를 하고, 그렇지 않은 학생은 검사를 받기 위한 작업을 한다.

÷

오답 노트, 꼭 해야 하는가?

오답 노트를 틀린 문제 목록을 정리하는 노트로 생각하는 경우가 많다. 빨간색, 파란색, 노란색 형광펜을 사용해서 예쁘게 꾸미면 잘 된 것으로 생각하기도 한다. 나는 다시 보지 않을 것이라면 정리는 할 필요가 없다고 말한다. 그래서 예쁘게 정리하는 것은 더욱 반대한다. 다시 보지 않을 것에 쓸데없이 많은 시간을 투입할 필요는 없으니까. 물론 정리를 하면서 공부가 되는 스타일인 경우는 예외다.

다른 과목은 몰라도 수학은 틀린 문제를 다시 보기 위해 정리할 필요가 없다. 시험을 앞두고 다시 풀어 봐야 하는 문제가 있으면 풀었던 문제집에 표시하면 된다. 예를 들면 별 3개는 '시험 전날 다시 꼭 풀어야 하는 문제', 별 2개는 '시험 대비 기간에 다시 풀면 되는 문제', 별 1개는 '한 번 더 복습해야 하는 문제'라는 식으로 말이다.

이와 같이 자신만의 기준에 맞게 교재에 표시하는 것이 더 효율적이다. 정리가 아닌 공부를 해야 한다. 선생님의 도움 없이, 해설서를 참고하지 않고 틀렸던 문제나 그와 비슷한 수준의 문제를 술술 풀어낼 때까지 공부해야 한다. 그래야 시험장에서 긴장했을 때 정확하고 빠르게 그 문제를 풀 수 있다. 오답 노트는 실력을 올리는 데 도움을 주는 하나의 보조적인 수단이지, 달성해야 하는 목표가 아니다.

오답 노트는 항상 숙제보다 우선순위가 밀려서 숙제보다 완성도가 떨어진다. 학원에 오기 직전에 숙제를 시작하는 학생이면 오답 노트를 하는 건 이미 물 건너갔다고 보면 된다. 실력이 좋지 않을수록 틀리는 문제는 많아지고 정리하는 시간이 많을수록 정작 진짜 공부하는 시간은 줄어든다. 그래서 오답 노트 자체보다는 다시 풀어보는 것에 집중해야 한다.

문제의 접근 방법을 정리하고 점검하는 용도로 풀이 과정을 써 내려가자. 바둑 기사가 경기를 복기하듯 내 풀이의 실수와 오류를 파악하고, 실마리를 찾는 용도로 오답 노트를 사용한다면 좋은 효과를 볼 수 있을 것이다.

$$\begin{matrix} \wedge & & \wedge \\ \times & & + \\ = & \pm & = \end{matrix}$$

복습하는 방법

쉬는 시간에 강의실에 들어가서 채은이의 문제집을 펼쳤다. 세모(△) 표시된 문제들이 여러 개 보였다. 그리고 내가 물었다.

"채은아, 너 이제 이 문제 풀 수 있어?"
"아 그거~ 선생님하고 같이 풀어봤어요."
"이 문제 또 틀렸네. 복습은 똑바로 한 거 맞니?"
"복습했어요. 집에서 1번 더 풀어봤어요."

나는 능력을 묻는데, 아이들은 경험을 답한다. 학원을 1~2개 다니는 것도 아니니 바빠서 복습할 시간이 없으리라 이해해보려 하지만 아닌 건 아닌 거다. 1번을 풀어도 맞힐 수 있으면 되고, 3번을 풀어도 못 맞히면 공부를 덜 한 것이다. 잘 된 복습은 횟수로 정할 수 있는 것이 아니라 오직 '앎'이라는 단계에 올라서는 것이다. 수학 공부에 있어서 '앎'은 혼자 풀어서 맞힐 수 있는 수준을 뜻한다.

계단을 생각해 보자. 한 계단을 오르려면 반드시 계단의 높이를 넘어설 만큼 발을 들어야 한다. 그렇지 않으면 계속 제자리다. 틀렸던 문제를 한 번 더 푼 것으로 그 높이 이상으로 발을 들어 올릴 수도 있고 여러 번 풀어도 그 높이까지 발을 들지 못할 때도 있다. 이는 학습자의 실력이나 문제의 난이도에 따라 다르다. 그러므로 풀어 본 횟수와 상관없이 혼자의 힘으로 풀 수 있는 수준에 도달해야 제대로 복습했다고 말할 수 있다.

÷

복습의 목적

숙제와 마찬가지로 복습도 혼자의 힘으로 해야 한다. 선생님과 함께 백날 풀어 봐야 아무 소용없다. 시험장에는 선생님이 따라가지 않는다. 오직 혼자 풀 수 있는 수준의 문제만 시험에서 맞힐 수 있다. 가끔 집에서 공부하는 시간이 적으니 수업 시간을 늘리거나, 비슷한 수업을 1개 더 수강할 수 있냐고 물어보는 경우가 있다. 수긍할 수 있는 이유가 있는 게 아니면 나는 대부분

거절한다. 그 말 뜻이 결국 선생님과 함께 하는 시간을 늘리자는 것이기 때문이다.

실력은 혼자 공부하는 시간이 많을수록 빨리 좋아지는 것이지, 선생님이 옆에 붙어 있다고 좋아지는 것이 아니다. 태권도를 생각해 보라. 아이가 품새를 잘하지 못하는 이유가 관장의 시범을 보지 못했기 때문인가, 몸에 익숙할 만큼 연습을 하지 않았기 때문인가?

흔히 전교 1등의 비밀은 하루 3시간 이상의 자기 공부 시간이라고 한다. 물론 숙제하는 시간은 제외다. 3시간이라는 수치가 어떻게 나왔는지 알 수는 없지만, 시간과 상관없이 충분히 노력하는 것이 중요하다. 복습은 알 때까지 혼자 하는 것이다.

$$\begin{matrix} \wedge & & \wedge \\ \times & & + \\ = & \pm & = \end{matrix}$$

선행 학습의 진짜 효과

'선행을 하고 있으니까 성적이 올라갈 거야'

이런 생각을 많이 하는 것 같다. 대놓고 말하지 않아도 적어도 속으로 그런 기대는 한 번씩 했으리라. 반대로 아이에게 '선행 학습'을 시키면서 성적이 올라갈 것이라고 생각하지 않는다면, 왜 비싼 비용을 지불하며 선행 학습을 그렇게도 열심히 시키는 지 묻고 싶다.

성적이 좋아질 것을 기대하지 않고 선행 학습을 시킨다면 이미 성적이 좋아서 굳이 성적을 더 올릴 필요가 없거나, 다른 아이처럼 '내 아이도 선행 학습을 하고 있다'라는 위안을 얻는 경우뿐이다. 전자는 선행 학습을 소화할 수 있는 상황이므로 이해가 가지만, 후자는 이해하기 어렵다. 비싼 학원비를 지불하고 마음의 평화는 얻겠지만 아이는 똑바로 공부할 기회를 잃을 수도 있다. 학부모들이 이 사실을 잘 모른다는 것이 애석할 때가 많다.

"이과를 갈 거면 선행을 하세요."

서울대를 졸업한 유명 유튜버가 고등학생과 상담하면서 한 말이다. 이 말을 듣고 뒷목이 당김을 느꼈다. 나는 이래서 경험이 중요한 것이며, 명문대 졸업한 사람들이 중, 하위권 학생들은 잘 못 가르친다는 말이 있다는 생각을 했다.

상담을 받은 학생이 공부를 아주 잘 하는 학생이면 모르겠으나, 그렇지 않다면 과연 저 말이 그 학생에게 도움이 되었을까? 혹시 한 과목도 제대로 공부하지 못해서 헐떡거리고 있는 학생이 유명인의 말만 믿고 능력 밖의 선행 학습을 했다면 과연 어떻게 되었을까?

÷

선행 학습의 적절한 속도

서울대 이야기가 나왔으니 서울대를 다니는 명석이 이야기를 좀 하겠다. 명석이는 초등학교 6학년에서 고등학교 3학년 때까지 우리 학원에서 수업을 들었다. 고등학교 졸업 후에도 방학이면 가끔 인사를 오는데, 어느 날 같이 공부했던 호영이와 함께 인사를 왔다. 호영이는 국립대 의대를 반수해서 들어갔다. 점심을 같이 먹으며 내가 둘에게 질문했다. 참고로 우리 학원의 중학생 최상위권의 선행 학습은 중학교 2학년 1학기에 고1 과정이 시작된다. 학군지의 다른 학원에 비해 많이 느린 편이다.

"너희는 공부를 잘했으니 물어보는 건데, 우리 학원 선행 학습이 더 빨라야 한다고 생각하니?"

명석이가 말하기를,

"1번 볼 때랑 2번 볼 때가 좀 다른 것 같아요."
"맞아요. 좀 그렇죠."

호영이가 옆에서 거들었다.

"그래, 더 빠르면 좋겠다는 말이네. 그럼 다시 질문할게. 중학 시절로 돌아가서 선행 수업 진도가 더 빨랐고, 그래서 숙제도 더 많았다면 너희들은 잘 소화했을까?"

이번에도 둘이 비슷하게 말했다.

"아, 그렇게 질문하시면 그건 좀 어려웠겠는데요."

명석이와 호영이가 중학생 때 선행 학습을 할 수 있었던 이유는 현행 과정에 대한 실력이 좋았기 때문이다. 선행 학습을 수강하도록 한 이유는 실력을 더 높이기 위함이 아니었다. 좋은 실력을 고등학교에 진학한 후에도 유지하는 데 시간적인 도움을 주기 위해서였다. 이들이 입시를 치르던 시기에는 지금보다 비교과 영역의 비중이 훨씬 높았기 때문에, 거기에 많은 시간과 노력을 투자해야만 했었다. 그러면서 성적은 최상위권 이상을 유지해야 하니 기본적인 개념과 유형을 미리 공부해 두는 것이 시간을 절약하는 방법이었다. 물론 어려운 고난이도 문제에 투자하는 시간을 확보하려는 의미도 뺄 수는 없다.

선행 학습의 진짜 효과

2015년 개정 교육과정이 적용되면서 인문 계열 지원자와 자연 계열 지원자가 감당해야 할 수학 학습량의 양적 격차가 이전보다 약간 줄었다. 자연 계열 지원자의 수학은 줄었고, 인문 계열 학생이 감당해야 하는 양은 늘었다. 그래서 학교에 따라 인문 계열을 지원하는 학생들도 2학년이 되면 한 학기에 2과목을 공부해야 하는 상황이 생긴다. 고등학교 배정을 받고 2학년이 되면 한 학기에 2과목을 공부하게 된다는 학교의 교육 계획을 확인하고 선행 학습을 급하게 문의하는 경우도 있다.

그러나 학기 중에 급하게 선행 학습을 시작할 경우 오히려 성적이 더 나빠질 수 있다. 공부 시간이 선행과 현행에 분산되어 현행에 대한 복습이 부실해지기 때문이다. 절대적인 공부 시간이 현저히 늘어난다면 선행도 해 볼 만 하겠지만 대체로 그렇게 되진 않는다. 한 과목에 집중하는 것이 가장 좋은 방법이라 열심히 설명하지만, 교육시장이 워낙 선행 학습에 치우진 상황이라 이해시키기 쉽지 않았다.

선행 학습의 진짜 효과는 '양적 배분'이다. 더 정확하게는 '고등 수학의 양적 배분'이다. 일단 고등학교에서 한 학기에 배우는 수학의 양은 중학교에서 배우는 양의 2~3배이고, 고등학교

2학년이 되면 2과목을 동시에 배우는 상황이 되기도 한다. 그래서 비교적 시간이 많은 중학생 때 고등학교 수학을 미리 학습하는 것이다.

물론 이 전략을 쓰려면 일단 수학 실력이 아주 좋아야 한다. 옆 친구가 한다고 무작정 따라 하다가는 실패하기 딱 좋다. 미리 배웠다는 이유로 실력이 좋아지지는 않으므로 '양적 배분'의 효과를 누리기 위해서는 먼저 실력이 아주 좋은 수준이어야 한다. 그런 의미에서 2등급 수준의 학생은 현행 학습을 더 완벽하게 해서 1등급으로 올라서는 것을 우선해야 한다. 2등급이 그러하니 그 아래의 등급은 말할 필요도 없다.

실력이 아주 좋은 학생이 선행 학습까지 하고 고등학교에 진학하니, 상대평가가 적용되는 현재의 등급제에서 그 학생들을 제치고 역전하는 것은 상당히 어려워 보인다. 실제로도 상당히 어렵다. 이렇게 이야기하면 마치 선행 학습이 그 학생들 실력의 핵심인 것 같아 보인다. 바로 이런 착각 때문에 선행 학습에 매달리게 된다. 하지만 그렇지 않다. 그 학생들이 가진 실력의 핵심은 수학적 이해도의 깊이, 즉 심화 학습의 결과물이다. 설령 중학교 최상위권 학생이 선행 학습을 하지 않았다고 하더라도 단지 그 이유로 고등학교 성적이 나락으로 떨어지지는 않는다. 반대로 실력이 없는 학생이 선행 학습을 했다는 이유로 성적이 올라가지도 않는다. 이것이 진짜 실력의 실체다.

÷

전교 1등의 태도

2013년의 어느 날, 교복을 입은 키가 큰 남학생이 학원 문을 열고 들어왔다. 인사를 꾸벅하는데 처음엔 누군지 못 알아 봤다. 자세히 보니 초등학생 때 내가 가르쳤던 승환이었다.

"잘 지냈어? 무슨 일이야?"

"학원 좀 다니고 싶어서요."

"그동안 열심히 했어?"

"저 전교 1등인데요."

"그래. 기말고사 잘 쳤구나."

"아니요. 저 수석 졸업인데요."

"오, 근데 어디까지 배웠니?"

"선행은 수학 상·하 개념만 했습니다."

과열 학군지 중학교의 전교 1등이 선행 학습을 많이 하지 않았으니 보기 드문 경우였다. 레벨 테스트를 실시한 뒤 예비 고1 수업 중에서 가장 높은 레벨에 학생을 배정했다. 아내가 수업을 담당하고 있었기에 따로 묻지 않아도 한 번씩 승환이 이야기를 들을 수 있었다. 그리고 10년이 지난 지금도 기억하고 있다.

"승환이가 숙제는 다른 애들보다 많이 틀리는데, 다음 수업에 보면 진짜 깔끔하게 공부해 와서 질문이 없어요."

전교 1등이 괜히 전교 1등이 아니다. 바로 공부하는 태도가 전교 1등이다. 결국 승환이는 인문 계열에서 전교 1등으로 졸업하고 지역균형선발전형으로 서울대에 합격했다. 문과였으니 가능한 일이 아니겠냐고 말할 수도 있다. 하지만 나는 승환이가 이과였다고 해도 분명히 서울대에 합격했을 것이라 확신한다. 승환이는 그럴 만한 태도를 가진 학생이었다.

학년이 올라가면 가장 먼저 풀게 되는 쉬운 문제를 남들보다 미리 풀어봤다고 해서 실력이 쌓이진 않는다. 3등급 2등급이 되려면 2등급이 풀어낸 어려운 문제를 풀 수 있어야 한다. 2등급과 1등급의 관계도 마찬가지다. 점수를 올려서 석차를 당기고 등급을 올리고 싶은가? 그렇다면 그 답은 빠른 선행 학습이 아닌 깊이 있는 현행 학습에 있다.

효과 없음이 검증된 선행 학습은
버려라

"엄마, 형식이는 학원에서 중학교 수학 배우는데 단원 평
가는 잘 못 쳐."
"효민이는 학교에서 고등학교 문제집 푸는데, 기말고사
성적은 내가 더 좋아."

이런 말을 들어본 학부모가 꽤 많을 것이다. 연말이나 연초가 되
면 '예비 중1'로 불리는 초등학교 6학년 학생들의 입학 테스트
가 많다.

"진도는 어디까지 나갔나요?"

"중3-1까지 했어요."

"수학(상)하고 있어요."

"중2-2까지 했어요."

테스트를 시작하면 학부모에게 진도를 물어 보는데, 다들 제각각이다. 그런데 진도가 1년 이상 앞선 학생들의 50% 이상이 진도와 비교해 실력이 부족했다. 중학교 2학년~고등학교 1학년 과정의 수학을 배우고 공부했다면, 중학교 1학년 수학 문제는 적어도 응용 수준까지는 어렵지 않게 해결할 수 있어야 한다. 그게 정상이다.

간혹 공부한 지 좀 지나서 그렇다고 변명하는 경우가 있다. 하지만 중학교 1학년 학생이 초등학교 6학년 수학 문제를 못 풀어도 그렇게 말할 수 있을까? 한발 물러서서 시간이 지나서 잘 모를 수 있다고 하자. 그러면 중학교 1학년 수학을 잘 모르는 학생이 중학교 2~3학년, 고등학교 1학년 수학은 제대로 배웠을지 묻고 싶다.

중학교 1학년 수학을 잘 몰라도 2~3학년 과정을 공부하다 보면 채워진다고 말하는 경우도 있다. 이건 마치 초등학생이 덧셈, 뺄셈을 잘 못 하는데, 곱셈, 나눗셈을 빨리 배우면 덧셈, 뺄셈은 저절로 잘하게 된다고 말하는 것과 다르지 않다. 1학년 수학을 잘 모르면 2학년 수학을 이해하는 것이 더 힘들다. 당연히

3학년 수학은 훨씬 더 이해하기 어렵다. '수학은 위계성이 있는 과목이다.'라는 말이 있다. 실제로 그렇다.

÷

배운 것을 잊어버렸다면 다시 공부하라

'수학을 잘하는 아이들을 보니까 선행 학습을 많이 했더라. 선행 학습을 해야 수학을 잘할 수 있나 봐' 속으로 이렇게 생각할 수도 있다. 선후가 서로 바뀌었다. 실력이 좋으면 처음 배우는 것도 빨리 이해하고 문제도 빨리 푼다. 그래서 진도도 빨리 나갈 수 있다. 결국 실력이 좋지 않은 학생보다 선행 학습을 많이 할 수밖에 없다.

배운 지 오래되었다는 이유로 잘 모를 수는 있다. 하지만 아무리 오래되었어도 모든 학년의 수학 학습에서 계속 사용하는 개념은 반드시 알고 있어야 한다. 상식적으로 반드시 알아야 할 것을 모르는 상황에서 그 후속 과정을 제대로 알고 있으리라고 볼 수 있을까? 물론 아니다. 배운 것을 잊어버렸다면 그 부분을 다시 공부하는 것이 가장 효율적이고 효과적인 학습 방법이다. 더구나 그것이 후속 과정을 학습함에 있어서 꼭 필요한 것이었다면, 후속 과정을 제대로 배우기 위해서는 그 지식을 먼저 확실히 아는 것이 중요하다.

레벨 테스트를 치고 상담을 하다 보면 선행 학습이 전혀 의미가 없다는 것이 시험으로 판명되었음에도 끝까지 의미를 부여하려는 경우를 자주 보게 된다. 선행 학습에 투자한 시간과 돈을 생각하면 이해하지 못할 상황은 아니다. 다만 그런 집착이 아이의 미래에 전혀 도움이 되지 않음을 알아야 한다. 누구를 위한 집착인가? 선행 학습이 의미가 없었다는 것을 확인했음에도 불구하고 혹시나 하는 마음으로 붙잡고 있지는 않은가? 선행 학습을 해서 실력이 좋아진 것도 아니고, 그렇다고 선행 학습한 내용을 제대로 아는 것이 아니면 그냥 버려야 한다. 선행 학습을 했다는 사실을 잊어야 한다. 미련 없이 빨리 버릴수록 아이는 제대로 된 실력을 쌓을 기회를 일찍 가질 수 있다.

$$\begin{matrix} \wedge & & \wedge \\ \times & & + \\ = & \pm & = \end{matrix}$$

이럴 줄 알았으면
선행이라도 할걸

선행 학습을 하지 않고 현행 학습에만 집중했는데 원하는 수준의 성적을 받지 못하면 '이럴 줄 알았으면 선행이라도 할 걸' 하고 생각한다. 선행 학습보다 심화 학습이 더 중요하다는 말을 믿고 그렇게 했는데, 나중에 보니 소화도 잘 안 되었고 남들보다 진도도 뒤처진 상황이다. 그러면 자연스레 진도에 대한 미련이 남는다.

충분히 이해한다. 그런데 선행 학습을 하지 않고 현행 심화 학습에 집중한 것은 아이의 실력이 부족하다고 판단했기 때문일 것이다. 부족한 실력을 그대로 두고 선행 학습을 했다면 과연 더 좋은 결과를 얻을 수 있었을까? 실력에 맞지 않는 선행 학습을 통해서 얻을 수 있는 좋은 결과는 하나도 없다.

아이가 많이 틀리는데도 심화 학습이 중요하다고 했으니까 끝까지 밀어붙이는 경우도 있다. 여기서 잠깐 다시 정리해 보자. 앞에서부터 계속 이야기하지만, 가장 중요한 것은 우선 아이의 실력을 파악하고 그에 맞는 학습을 선택하는 것이다. 현행 학습에서 많이 틀린다면, 심화로 갈 것이 아니라 현행을 반복하는 것이 우선이다.

위 학년이 되어야 배우는 내용은 더 어려운 내용이기 때문에 현행 과정에 대한 실력이 부족한 학생이 미리 본다고 쉽게 이해할 수 있는 것이 아니다. 제 학년의 어려운 문제를 풀어내는 것뿐 아니라, 위 학년의 쉬운 문제를 소화하기 위해서도 반드시 적절한 속도의 진도가 필요하다.

÷

진도는 실력이 아니다

진도가 맞지 않아서 다닐 학원이 없다는 건 거짓말이다. 남들이 좋다고 하는 그 학원의 진도가 내 아이와 맞지 않을 뿐이다. 내 아이에게 맞는 진도, 맞는 수준의 수업은 어디에나 있다. 단지 찾지 못할 뿐이다.

선행 학습을 하기 못한 것에 대해 아쉬움을 토로하는 이유를 이해 못하는 것은 아니다. 사교육 시장이 워낙 선행 학습 위주로 치우쳐 있으니 진도가 느리면 다닐 만한 학원이 마땅히 없을 때도 있다. 그래서 진행하던 선행 학습을 멈추면서 현행 학습에 집중하는 것을 부담스러워 하기도 한다.

수업 내용은 정말 마음에 드는데 나중에 이 학원 안 다니게 되면 진도 때문에 다닐 학원이 없을까 봐 걱정이라는 말을 듣기도 한다. '진도는 실력이 아니다'라는 이야기를 1시간 동안 하고 저 얘기를 듣게 되면 기운이 쭉 빠진다. 당장 실력이 없는 걸 걱정해야지 다음에 다닐 학원까지 지금 걱정을 하느냐는 말이 혀끝을 맴돌 때도 있다.

가까운 미래든, 먼 미래든 그보다 중요한 것은 현재다. 늘 그래왔듯이 초등학교 때 잘하던 학생이 중학생이 되어도 잘하고 고등학교로 그 실력이 쭉 이어진다. 물론 뒤늦게 봄비 맞은 죽순처럼 쑥쑥 치고 올라오는 학생도 있지만 극소수다. 지금 잘 하도록 하는 것이 제일 나은 선택임에도 불구하고 현재를 버리고 미래를 대비하는 모양새를 취한다. 결국, 시간이 다 지나고 나서야 현재의 성적도 올리지 못하고 미래를 대비하지 못했다는 것을 깨닫게 된다.

지금 아이가 듣는 수업은 아이의 실력 향상과 부모인 내 마음의 평화 둘 중에 어느 것을 만족시키는 수업인가? 눈앞에 닥

친 중간고사, 기말고사의 점수를 올려줄 수 있는 수업을 찾았다면 그것을 택하면 된다. 그것이 최고의 선택이다.

선행 학습은 비효율적이다

선행 학습은 비효율적이다. 선행 학습의 목적이 '양적 배분'에 있는 것은 사실이지만 선행 학습 자체는 효율적인 방법이 결코 아니다. 1번 배웠다고 그것이 머리에 계속 남아 있지 않기 때문이다. 아이들은 많이 까먹는다. 실력이 좋지 않을수록 더 많이 까먹는다. 또 아예 이해도 하지 못한 상태로 반복해서 선행 학습을 하는 경우도 많다.

수학 실력이 전국 상위 5% 수준의 학생이 선행 학습을 한다고 가정하자. 100명 중에 5등 수준으로 1등급은 아니지만 2등급에서는 선두에 서는 실력이다. 초등학생 때 중등 수학에 대한 학습을 완료하고 중학교 1학년이 되면서 고등 수학 선행 학습에 들어갔다고 치자. 하루 2시간 주 2회로 개념과 유형별 응용 문제 수준으로 고등 수학을 공부한다고 할 때 하나의 과목을 4~5개월 정도에 1회 공부할 수 있다. 현 2015년 개정 교육과정에 따른 현재의 수능에 필요한 과목만을 고려해서 고등학교 과정의 다섯 과목에 대해 선행 학습을 하면 마치는 데 대략 20~25개월이 소모된다. 5개 과목을 1번 정도 공부하고 나면 최소 2학년 2학기가 된다.

만약 그 시작 시기가 중학교 1학년이 아니라 2학년이라면 학습을 마쳤을 때 3학년 2학기가 된다. 전자의 경우는 5개 과목을 1번 더 학습할 시간이 생기고 후자는 그렇지 않다. 이렇게만 비교하면 중학교 1학년에 고등 수학을 시작하는 것이 정답인 것 같다. 하지만 말처럼 쉽지 않다. 이렇게 하려면 초등학교 졸업 전에 중등 수학이 끝나야 하고, 또 초등학교 4학년까지 초등과정을 심화 수준까지 끝내야 한다는 계산이 나온다. 많은 학생이 이런 시도를 하고는 있겠지만 정작 제대로 소화해서 효과를 보는 학생은 소수다.

÷

수학에서 반복 학습을 하는 이유

다른 과목과 달리 수학에서 반복 학습을 하는 이유는 이해하지 못한 부분을 이해하기 위함이 아니다. 이해는 했지만 익숙하지 않은 부분을 더 연습하기 위해서, 이해했지만 까먹은 부분을 다시 기억하기 위해서, 혹은 더 어려운 단계를 학습하기 위함이다. 그래서 반복 학습이 의미가 있으려면 현행 학습에 최대한 집중하고, 적어도 다시 배울 때는 완전히 이해할 수 있는 수준이 되어야 한다. 그래야 선행 학습의 목표인 양적 배분 효과를 누릴 수 있다.

 기억에 대한 연구를 진행한 대표적인 심리학자인 헤르만 에빙하우스는 학습한 지 20분이 지나면 학습한 내용의 58%를 기억하고 31일이 지나면 21%만 기억한다는 연구 결과를 발표했다.* 고등 수학 과정의 5개 과목을 1회독하는 기간이 20개월 이상인 점을 고려하면 최상위권 수준의 학생이 중학생 때 선행 학습으로 배운 미적분을 하나도 모른다 해도 전혀 놀라운 일이 아니다. 그러니 실력이 부족한 학생이 선행 학습을 통해 누릴 수

---

* Hermann Ebbinghaus, 《Über das Gedächtnis》, (UNIVERSITÄT BERLIN, 1885)

있는 것이 학부모 마음의 안정 외에 무엇이 더 있겠나.

까먹을 것을 지속해서 반복하는 것을 효율적이라고 할 수 있을까? 정작 실력이 충분하지 않은 상태에서 선행 학습을 하는 많은 학습자는 여러 번 반복할 만큼의 시간도 확보하지 못한다. 그뿐만 아니라 제대로 이해도 하지 못한 상태로 '양적 배분', '반복 학습'이라는 꽤 그럴싸한 용어에 현혹되어 정직하게 실력을 쌓을 수 있는 시간까지 허공에 날리게 된다. 그러니 선행 학습은 실력이 없는 학습자에게는 효율성을 따질 필요도 없는 나쁜 학습 방법이다. 그래서 선행 학습은 현재의 실력을 유지하기만 하면 되는 학생, 그중에서도 시간이 남아돌아 추후 손해가 없을 정도의 실력을 갖춘 학생들만이 위험 부담 없이 할 수 있다.

.

∧ ∧
× +
= ± =

그럼에도 최상위권 학생들에게
선행 학습은 효율적이다

선행 학습은 누차 말했듯 비효율적인 방법이다. 하지만 상대적
인 효용을 생각하면 최상위권 학생들에게는 꽤 효율적인 학습
방법이다. 초, 중학생과 고등학생의 시간당 효용이 다르기 때문
이다. 만약 초, 중등 최상위권 학생이 선행 학습을 중단하고 현
재의 실력을 유지하는 데 필요한 학습만 하면 꽤 많은 여유시간
이 생긴다. 물론 개인차는 있겠지만 초, 중등 교육과정의 내용
과 양으로 판단할 때 그렇다. 여유시간은 그냥 두면 사라지지만
까먹을지언정 무엇인가를 배우고 익히면 조금이라도 남는 것이
생긴다. 가령 중학생이 여유시간 10시간을 투자해서 2~3년 후에
1시간을 아낄 수 있다면 1분이 아까운 최상위권 고등학생에게는

꽤 괜찮은 투자가 되는 셈이다. 그래서 성적을 유지하면 되는 최상위권 이상의 학생들에게는 선행 학습이 꽤 효율적인 학습 방법이다.

누구에게나 똑같이 주어지는 24시간은 모두에게 똑같은 효용을 가질까? 2등급 학생과 1등급 학생에게 똑같이 10시간이 주어졌다고 가정하자. 어떤 상황이 벌어질까? 2등급 학생이 1등급으로 올라서기 위해서는 화장실 가는 시간도 아껴가며 악착같이 10시간을 써야 할 것이다. 반면에 이미 1등급인 학생은 시간당 학습 효율이 2등급 학생보다 높고 현재의 실력을 유지하면 되므로 2등급 학생만큼 열심히 하지 않아도 1등급을 유지할 수 있을 것이다. 그런데 현실의 상황은 이렇다. 2등급 학생은 2등급 수준을 유지하는 정도로 공부하고 1등급 학생은 1등급을 놓치지 않기 위해 악착같이 공부한다. 인터넷에서 본 어느 전교 1등의 메모가 그것을 잘 보여준다.

'내가 전교 1등인데 독서실에서 내가 제일 늦게 집에 가'

어느 고등학교에 지원할까?

아이가 중학교 3학년이 되면 부모는 슬슬 어느 고등학교에 지원해야 할지 고민하게 된다. 좋은 내신 성적(이하 내신)을 쉽게 받을 것 같은 학교와 내신을 잘 따기는 어렵지만 면학 분위기가 좋은 학교 사이의 갈림길에 서게 된다. 초등학교도 졸업하기 전에 이미 고등학교 지원 계획까지 미리 생각하는 경우도 많다. 하지만 고등학교를 선택할 때 가장 많이 고려되는 것이 중학생 때 성적이므로 예상과는 다른 중학교 성적 때문에 계획이 무용지물이 되기도 한다.

일반적으로 수시전형의 비중이 높으니 내신을 좋게 받을 수 있는 학교에 보내야겠다고 생각할 확률이 높다. 더구나 아이가 공부를 열심히 하는 상황이 아니면 더 그럴 것이다. 이 경우는 아이가 어느 학교에서든 똑같은 강도로 공부한다는 가정을 깔고 있다. 그런데 좋은 내신을 받을 것 같은 그 학교는 비교적 학습 환경이 좋지 않은 경우가 많다. 애석하게도 아이들은 환경에 영향을 쉽게 받는다.

학군지의 내신 따기 어려운 학교를 피해서 같은 구의 외곽이나 아예 다른 구의 학교에 진학하는 경우를 여럿 보았다. 그중 태경이는 소위 넘사벽 수준의 학생이라서 어느 학교에 가도 괜찮을 학생이었다. 학교당 2명에게만 주어지는 지역균형선발전형의 티켓을 확실하게 잡기 위해 외곽지역의 학교에 지원했다. 지헌이는 중학교 고학년이 되면서 점점 성적이 하락하는 추세의 학생이었다. 학군지의 학교에서는 죽도 밥도 안 될 것으로 생각하고 아예 다른 구의 학교에 지원했다. 연수는 학군지 중학교의 상위권 수준의 학생이었는데 내신 하나만 보고 같은 구의 외곽지역 학교를 택했다. 누구의 선택이 원했던 결과로 이어졌을까?

그 결과는 3명의 태도를 잘 알고 있었던 내 예상과 크게 다르지 않았다. 태경이는 목표했던 지역균형선발전형으로 서울대에 합격하였다. 지헌이는 내신을 보고 멀리 있는 다른 구의 학교에 다녔지만 거기서도 성적은 계속 떨어졌다. 연수는 외곽지의 학교에서 첫 시험부터 좋은 내신을 받을 수 있었다. 그 덕에 동기부여가 되어 중학생 때와는 많이 다른 태도로 공부를 했고 수

시전형으로 대학에 진학하였다. 언급한 태경, 지헌, 연수는 실제 사례다.

÷

결국 공부는 아이가 한다

어떤 학교를 선택해야 하는지 나한테 물어보는 학생도 있다.

> "자, 고등학교 1학년이 된 네가 교실에서 공부를 하려고 해. 근데 고개를 돌리면 다들 자거나 떠들고 놀고 있어. 선생님도 별로 신경 쓰지 않아. 이게 A 학교야."
> "B 학교는 네가 놀고 싶어서 옆을 돌아보니 다른 애들이 다 공부하고 있어. 이게 B 학교야."

좀 극단적이지만 이렇게 이야기해 준다. 그리고 덧붙이길,

> "어느 학교에 가든 똑같은 강도로 공부했을 때 두 학교의 차이에서 이점이 생기는 거야. 쉬운 학교에 가서 남들처럼 쉬엄쉬엄 공부하면 내신도 못 따고 수능 성적도 잘 안 나올걸."

최종 결정은 아이가 하는 것이 좋다고 생각한다. 부모와 아이가 원하는 학교가 서로 다른 상황에서 부모가 아이를 설득할 수 없다면 깔끔하게 아이의 생각을 따르는 것이 좋다. 공부는 아이가 할 것이기 때문이다. 처음에는 이견이 있었지만, 서로의 의견을 듣고 최종적으로 부모의 의견을 따랐다면 이 역시 마지막 결정은 아이가 한 것이다.

만약 아이의 동의도 없이 '다 널 위한 거다'라는 독단적인 생각으로 학교를 결정했다 치자. 불만이 가득한 상황에서 안 그래도 재미없는 공부를 더 열심히 해야겠다는 생각이 과연 솟아날까? 예상하지 못한 최악의 상황이 되어서 "내신 좀 잘 따려고 이 학교 왔는데 이렇게 하면 어떻게 하니?"라는 잔소리에 "엄마가 이 학교 가라고 했잖아요."라고 반격하면 어떻게 할 것인가? 자기가 3년을 보낼 환경은 본인이 결정하는 것이 옳다.

성적은 태도가 전부

중간·기말시험은 지역별, 학교별로 편차가 크기 때문에 그 점수나 그에 따른 석차를 실력의 척도로 신뢰하지 않는다. 그보다 변별력을 필요로 하는 문제를 충분히 넣은 레벨 테스트 결과나 전국 모의고사 등급을 더 신뢰한다. 그리고 그 결과에 근거하여 학습 태도를 유추해 보면 거의 정확하게 맞다.

한국교육과정평가원에서 주관하는 전국 모의고사를 기준으로 내가 생각하는 등급별 평균적인 학습 태도는 다음과 같다.

1등급(~ 4% 이내) : 틀렸던 문제에 집중한다.

2등급(~ 11% 이내) : 틀렸던 문제를 풀어본다.

3등급(~ 23% 이내) : 숙제는 열심히 한다.

4등급(~ 40% 이내) : 숙제를 한다. (다하거나 덜하거나)

5등급(~ 60% 이내) : 숙제를 해 본다. (덜하거나 안 하거나)

6등급(~ 77% 이내) : 숙제를 알고는 있다. (거의 제대로 안 한다)

(이하 등급 생략)

풀어 본 문제집 제목이나 풀어 본 문제집의 권수로는 학생의 실력을 판단할 수 없다. 하지만 학생의 태도로는 비교적 명확하게 실력을 판단할 수 있다. 그러니 정말 실력을 키우고 싶다면 공부를 잘하는 학생의 태도를 따라 하면 된다.

÷

결국 다시 틀리는 이유

실력을 올리는 방법이 이렇게 빤한데, 왜 잘 안 되는가? 이유는 공부에 대한 관성 때문이다. 공부를 안 하던 학생은 그냥 계속 안 하는 게 편하고, 열심히 하던 학생은 안 하면 불안해서 계속 열심히 한다. 실력이 부족한 학생은 막상 마음을 고쳐먹고 공부를 시작해도 모르는 게 너무 많아서 생각처럼 잘되지 않는다. 그래서 또 포기하게 된다. 물론 그 어려움을 끝까지 이겨내고 성적이 오르는 학생도 있지만 극소수다. 힘들지 않고 어떻게 실력이 좋아지겠는가. 진짜 실력을 올리고 싶다면 적어도 학교 지필고사 간격인 2~4개월은 똑바로 해봐야 한다. 그렇게 했는데도 성적이 오르지 않으면 그때 포기해도 된다. 정말 그렇게 한다면 아마 올라간 성적에 기분이 좋아서 더 공부하게 될 것이다.

앞에서 언급한 것처럼 모의고사 2등급 학생들은 틀린 문제를 풀어보긴 하지만 집중하지 않고, 3등급 학생들은 숙제를 성실히 하려고 노력하지만 틀린 문제까지 그 노력이 닿지 않는다. 1등급 학생들이 틀렸던 문제를 스스로 풀 수 있는 능력에 집중하는 것과 달리 그 외 등급의 학생들은 문제를 풀어봤다는 경험에 만족하는 경우가 많다. 시험장의 환경을 생각해 보자. 힌트를 주는 선생님도 없고 책을 찾아볼 수도 없다. 결국, 혼자다. 그러니 평소에도 자신의 손과 머리만으로 끝까지 풀어내는 태도로 공부해야 한다.

초·중등 학생들의 경우 집에서 풀었을 때는 잘 틀리지 않는데, 테스트에서는 평소보다 많이 틀리는 경우가 많다. 숙제를 채점하면 별로 틀리지 않는데, 시험을 치면 많이 틀리는 경우도 빈번하다. 왜 그럴까? 이는 문제를 푸는 환경이 다르기 때문이다. 집에서 문제를 풀 때는 충분한 시간 동안 모르는 부분을 찾아보면서 풀 수 있다. 또, 답안지를 참고할 수도 있다. 그렇게 풀어서 답은 맞혔지만 정작 내용은 머리에 남아 있지 않다는 것이 문제다. '숙제니까', '답만 찾으면 되는 거니까'라는 자세로 풀어본 문제는 다음에 틀릴 가능성이 클 수밖에 없다. 영어에 비교하면 모르는 단어나 문법을 찾아보고 문제는 풀었지만, 암기는 하지 않은 것과 같다. 결국 다시 틀린다.

숙제를 똑바로 안 하던 학생이 갑자기 숙제와 복습까지 다 해낼 수는 없다. 이제 막 걸음마를 시작했는데 뛸 수는 없지 않은가. 일단 숙제부터 정성껏 다 해야 한다. 그렇게 학생을 이끄는 것이 최우선이다. 성실하게 숙제를 하는 것이 몸에 배야 복습도 시작할 수 있다.

　예나 지금이나 공부를 잘하게 되는 특별한 비법은 없다. 모두 태도에 달려있다. 갑자기 머리가 더 좋아질 필요도 없고 그렇게 될 수도 없다. 모르는 것을 하나씩 없애면 된다. 수학에서 그 방법은 모르는 것을 발견할 수 있을 만큼 문제를 풀고, 모르는 내용을 내 것으로 만들 수 있을 만큼 철저하게 공부하면 된다. 선생님은 목적지의 방향과 가는 방법을 가르쳐 줄 수 있을 뿐 거기에 함께 가주지는 못한다. 목적지에 갈지 말지는 전적으로 본인에게 달려있다.

^ ^
× +
= ± =

공부의 방법은 오직 하나다

학원을 개원한 초창기 때 이야기다. 덩치가 큰 중학교 1학년 남학생과 엄마가 입학 상담을 왔다. 학생의 손에는 《수학의 정석》이 들려 있었다. 학생은 레벨 테스트를 치러 들어가고 나는 엄마와 이야기를 했다.

레벨 테스트 결과는 참담했다. 형택이는 중학교 3학년까지 다 공부했다고 자신 있게 말했지만, 시험 점수는 중위권의 성적에도 못 미쳤다.

"일단 제일 낮은 반에서 1학년 2학기 현행 학습에만 집중하는 게 좋겠습니다"

"엄마, 이 수업 하면 안 돼. 일단 정석을 들어가야 해. 정
석을 다 보면 중학교 수학은 쫙 뚫려."

듣고 있던 형택이가 갑자기 치고 나왔다. 너무 충격적인 말
이라 오래전 일이지만 정확하게 기억한다. 집에 가서 상의한 후
에 전화하겠다는 말만 남기고 사라졌다. 물론 전화는 오지 않았
다. 엄마는 학원을 등록하고 싶어 했지만, 형택이의 고집을 꺾을
수는 없었다.

÷

모르는 것을 없애라

"형택이가 6학년 때 민사고 캠프를 다녀왔어요. 그 캠프
에 강남에서 온 초등학생 애들이 다들《수학의 정석》을
가지고 있었나 봐요. 그 후로 중학교 수학을 빨리 끝내
고 정석을 해야 한다고 하더라고요."

최상위권 학생들은 이해력이 좋아서 같은 시간을 공부해도 다
른 학생들보다 많은 양을 학습할 수 있다. 그런데 거기에 공부하
는 시간도 더 길다. 투자하는 시간이 많을수록 여러 번 반복할

수도 있다. 이와 달리, 정작 실력을 올려야 하는 학생은 공부하는 시간도 더 짧다. 공부해야 할 범위에서 모르는 것이 많이 있음에도 최상위권의 흉내를 내면서 선행 학습을 한다. 당연히 성적은 그대로일 수밖에 없다. 이런 이유로 나는 선행 학습을 해도 무리가 없는 학생의 범위를 '실력을 유지하면 되는 학생' 즉, 모의고사 1등급을 유지하면 되는 학생으로 한정한다.

사실 최상위권 학생들이 실력을 유지하기 위해서 하는 공부의 원리와 최상위권이 아닌 학생들이 성적을 올리기 위해서 하는 공부의 원리는 완전히 똑같다. 그래서 성적과 상관없이 모든 학생들은 같은 원리에 의한 공부를 해야 한다. 그 원리는 너무나 간단하다. 모르는 것을 쉬운 것부터 시작해서 하나씩 없애는 것이다.

이렇게 공부하면 실력은 반드시 좋아진다. 만약, 8~9등급의 고등학생이 공부하겠다고 결심을 했으면 중학교 과정부터 다시 공부하는 것이 필요하고, 2등급 학생이 결심했다면 틀린 문제를 더 연구해서 막힘없이 풀어내도록 해야 한다. 이것이 쉬운 것부터 모르는 것을 없애는 방법이다. 4%의 이내의 1등급인 학생들 간에도 실력의 차이는 분명히 존재한다. 모의고사에서 1등급인 학생 중에서 내신은 2~3등급인 학생들 역시 선행 학습이 아니라 내신 1등급을 받기 위한 현행 학습을 더 철저하게 해야 한다. 이 역시 모르는 것을 없애는 원리에 맞는 공부 방법이다.

수학을 큰 덩어리로 보면 기초가 되는 것을 먼저 배우고 어려운 것을 나중에 배우게 된다. 이 과정에 따라 차례로 모르는 것을 없애나가는 것이 바른 수학 공부의 방법이다. 그래서 실력을 올리기 위한 공부는 성적의 좋고 나쁨과 상관없이 모두 같은 방법이어야 한다.

인터넷 강의를 시작한 이유

처음에는 중등 수학 전체를 아우르는 수업을 생각해 시중 교재를 하나 선택해서 수업을 찍으려 했지만 좀 찾아보니 저작권이 문제가 되었다. 그 많은 양을 혼자서 교본을 만들고 영상도 찍고 편집까지 해낼 자신이 없었다. 그래서 결국 '일차방정식의 활용'을 선택했다. 개념부터 응용 수준까지 완전히 커버하는 수업이면 학생들에게 많은 도움이 될 것 같았다. 또 중학교 1학년 수학에서 제일 어려운 단원이고 학년이 올라가면서 계속 발목을 잡을 수 있는 내용이기 때문에 유형별로 1~2문제만 다루더라도 의미는 크다고 생각했다.

　문제를 만들기 시작했다. 대형 출판사의 집필진에 비교하면

보잘것없지만 정말 열심히 생각해서 내 수업에 필요한 이론을 적고 문제를 만들고 검증했다. 막상 영상을 찍을 때가 되니 유튜브 채널과는 조금 다른 느낌을 주고 싶었다. 그래서 까만 모자를 썼다. 모자를 쓰고 영상을 찍겠다고 결정하니 형이 모자를 사 주었다. '까만 모자 선생님'으로 불리면 좋겠다는 생각을 했다.

대학원 시절 지도교수님이 1등이 되려면 남들과 다른 것을 하면 된다고 하셨다. 나는 남들과 같은 것을 시작했고 1등이 될 생각도 전혀 없었다. 그냥 어딘가에 있는 학생들이 내 수업을 듣고 막혔던 것이 뚫리면 좋겠다는 생각만 했다. 그래서 시작할 수 있었다.

혹시 아이가 '소금물의 농도', '거리, 속력, 시간', '원가, 정가, 이익' 문제를 잘 이해하지 못해서 고민하고 있지는 않은가? 지금은 잘 모르지만 '학년이 올라가면 알게 되겠지' 하며 마음을 놓고 있지는 않은가? 지금 모르면 지금 공부하는 것이 제일 좋다. 학년이 올라가면 어려운 것이 많아서 더 힘들어진다.

4장

수학에 필요한 근력 키우기

$$\overset{\wedge}{\underset{=}{\times}} \overset{\wedge}{\underset{=}{\pm}}$$

소문의 바다

"우리 애 반 1등은 벌써 고1 수학을 3번이나 했대요."

"○○학원 원장 선생님이 서울대 수학과 출신이래."

"고등학교 가기 전에 고1 수학은 2~3번은 봐야 한대."

"중학교 전에 늦어도 중3 심화까지 끝내야 한다던데."

"초등 심화는 안 해도 돼. 빨리 끝내고 중학 수학으로 시
 작해."

카페에 삼삼오오 모여 앉은 엄마들의 대화다. 엄마들은 이것을
'정보'라고 말한다. 모임에서 이런 말을 듣고 나면 괜히 우리 아
이의 진도가 늦은 것 같고, 선행 학습을 더 빨리하지 않으면 앞

으로 문제가 생길 것만 같다. 그나마 오전에 여유가 있어서 이런 엄마 모임에라도 참석할 수 있으면 다행인 셈이다. 직장에 다니는 엄마는 정보를 구하기가 더 어렵다. 아이들 학습에 조금 더 관심이 있는 동료에게서 구하거나, 인터넷의 유명 학습 카페에 질문을 올리고 댓글을 기다린다. 이후 댓글이 남겨지면 감사하다는 인사를 전하며 겨우 불안을 내려놓는다.

15년 차 학원장의 시선으로 보면 엄마 모임에서 나오는 말은 대부분 '소문'이고, 학습 카페의 댓글은 그냥 한 사람의 '의견'일 뿐이다. 이 소문과 의견이 진짜 '정보'가 되려면 아이에게 잘 맞아서 학습에 도움이 되어야 한다. 그러니 앞에서 언급한 예시들은 진짜 정보라고 할 수 없다. 내 아이에게 맞지 않는 이상한 소문을 따라 하다 보면 결국 시간만 낭비하게 되고, 아이의 학습 상황은 더 나빠질 수도 있다.

음식은 손맛이라고 했던가. 베테랑 주부들은 눈대중으로 대충 양념을 해도 맛있는 요리가 되지만, 그들도 처음부터 그랬던 것은 아니다. 요리에 서툰 신혼 때는 매번 성공하지는 못한다. 아이 수학 교육도 마찬가지다. 전문가는 아이에게 질문 하나만 던져도 이 아이가 공부를 잘하는지, 못 하는지 금방 안다. 수많은 아이를 상대해 봤기 때문이다. 하지만 아이 1~2명 키우는 엄마들이 이런 눈을 갖기란 정말 어렵다. 애석하게도 그런 눈을 갖게 될 때 즈음이면 아이는 이미 다 커버려서 그 눈이 필요 없게 된다.

÷

소문을 조심하라

정보라는 이름의 탈을 쓴 소문은 입에서 입으로 삽시간에 퍼진다. 소문의 대부분은 공부를 잘하는 아이들의 학습 과정과 그 결과물이다. 아이가 공부 잘하기를 바라는 엄마들에 의해 그 과정은 아이들에게 맹목적으로 적용되기도 한다. 고등학생 중 전국 상위 4% 이내의 학생들을 우리는 1등급이라 부른다. 거주하는 지역별 차이 등을 무시하면 전교생 100명당 겨우 4명이다.

통계청 자료에 의하면 2021년 기준으로 전국의 초등학교 수는 6,157개이고, 초등학생 수는 267만 명이다. 학교당 한 학년 전교생이 평균 72명이다. 이들 중 1등급 범위의 학생은 겨우 3명이다. 이 결과는 1등급이 되지 못할 가능성이 더 크다는 것을 보여준다.

조금 더 감을 잡을 수 있도록 예를 들면, 2022학년도 수능시험 응시자 수는 448,138명이고, 이 중 4%는 17,925명이다. 참고로 2022학년도 의대, 치대, 약대, 한의대, 수의대(이하 의치한약수) 전체 정원이 6,608명이었다. 그리고 소위 SKY로 불리는 대학에서 의치한약수 인원을 제외한 입학 정원의 합이 약 만여 명 수준이었다. 나는 이런 수준의 학생만이 흔히 떠돌아 다니는 학습법을 그대로 적용해도 크게 무리가 없다고 생각한다. 즉, 대부분의 학생들은 소문으로 퍼진 학습법을 적용해서는 안된다는 것이다.

다른 아이들이 어떤 진도, 어떤 책으로 공부하는지 너무 궁금해 할 필요는 없다. 어차피 그 진도와 그 책이 내 아이에게도 딱 맞을 가능성은 적다. 맹목적으로 따라 했다가는 실패하게 된다. 무수한 소문 중 내 아이에게 맞는 소문만 콕콕 집어내어 골라서 사용해야 한다. 그것을 가능케 하는 유일한 기준이 바로 아이의 '실력'이다. 학습에서는 그 어떤 것도 실력보다 앞선 기준이 될 수 없다. 먼저 두 눈으로 일단 아이의 실력부터 확인하자. 그다음 정보를 들어도 늦지 않다.

관계가 전부다

"민서는 수학 학원 어디 다녀요?"

"수지는 국어 문제집 뭐 풀어요?"

"지훈이는 진도 많이 나갔죠?"

공부를 잘하는 아이의 엄마는 모임에서 많은 질문을 받는다. 대부분 성적, 문제집, 진도, 학원과 같은 피상적인 것이다. 그리고 엄마들은 모임에서 얻은 정보들을 따라서 하지만 얼마 지나지 않아 그마저도 의심하게 된다. 현재의 성적이 좋지 않은 이유는 아이가 공부를 충분히 안 하는 것 때문이지, 방법을 모르거나 학원이 이상해서가 아니다. 공부 방법 하나 더 알게 된다고 해서 안 하던 공부를 열심히 하지는 않는다.

공부를 잘하는 아이로 키우는 데 필요한 부모의 역할을 이야기하는 책은 많다. 책을 읽을 때는 고개를 끄덕이며 공감하지만 덮으면 그것으로 끝이다. 책은 나와는 먼 전문가의 생각일 뿐이지만, 주위에서 듣는 사례는 생생하게 실재하기 때문이다. 아침에 아이를 학교로 보낸 뒤 카페로 가서 주위 엄마들에게 온갖 사례들을 경청한다. 자신의 이야기든 어디서 들은 이야기든 모일 때마다 새로운 이야기가 생산되고 빠르게 퍼진다. 거기에는 성공과 실패가 항상 공존하지만, 엄마들은 실패를 반면교사로 삼기보다는 오직 성공 사례에만 집중하고 따라서 하려는 경향이 있다.

÷

아이의 생각을 우선시하라

공부에도 관성이 있다. 그래서 대부분 급격한 변화가 없다. 잘하던 아이가 계속 잘하고 그 반대도 마찬가지다. 극히 일부가 갑자기 관성에 역행하기도 하는데, 그 방향이 순방향일 때도 있지만 그렇지 않을 때도 있다. 공부를 안 하던 학생이 하기 시작하면 기뻐할 일이지만, 잘하던 학생이 갑자기 안 하면 부모는 당혹스러울 수밖에 없다. 주위에서 들은 정보를 기반으로 학습 계획을 촘촘히 짤수록 자주 벌어지는 일이다.

일찍부터 아이가 엄청난 학습량에 노출되어 소위 번아웃된 상태거나, 사교육의 개수가 갑자기 늘어나서 아이가 감당할 수 없는 경우 이런 상황을 마주하게 된다. 전자는 아이의 학습 의지가 완전히 꺾인 상황이기 때문에 충분한 휴식이 필요하고, 후자는 늘어난 학원에 대한 적응 기간이 필요하다. 적응 기간이 지났음에도 계속 그렇다면 학원 개수를 줄이는 것이 좋다. 만약, 그렇게 하지 않고 부모의 욕심으로 더 밀어붙인다면 상황은 점점 더 나빠지게 된다.

잘 다니던 학원에서 상담 전화가 자주 오기 시작하고, 상황이 점점 나빠지는 것이 보이면 어떻게 해야 할까? 상황을 개선해 보겠다는 생각에서 비롯된 '스마트폰 압수', '게임 금지' 등의 강력한 조치는 상황을 나아지게 하지 못한다. 다짜고짜 결과에 대해 야단칠 것이 아니라, 왜 그렇게 되었는지를 먼저 물어보는 것이 필요하다. "너 요즘 많이 힘드니?", "혹시 학원이 너무 많은 것 아니야?", "정말 다 할 수 있겠어?" 하고 물으면서 아이의 생각을 듣는 것이 우선이다. 원인을 분석해야 그에 맞는 대안이 나올 수 있고, 당사자의 동의가 있어야 상황도 빨리 개선될 수 있다.

"도대체 숙제는 언제 할 거니?", "숙제는 다 하고 게임 하니?"라는 말을 입에 달고 있거나 방에 들어간 아이가 공부를 똑바로 하고 있는지 의심스럽다면 이미 서로의 관계가 좋은 상황은 아니다. 부모는 아이가 원인이라 말하지만, 아이들은 반대로 생각한다. 그러니 잔소리를 들었다고 부모가 원하는 태도를 보일 가능성은 적을 수밖에 없다.

÷

우선순위는 학습이 아니라 관계다

부모가 원하는 행동을 하지 않는다고 무작정 아이가 좋아하는 것을 하지 못하도록 하면 반감은 더욱 커지게 된다. 잔소리를 한다고 상황이 좋아지는가? 아이의 사생활을 제한하면 자세가 달라지는가? 잔소리로는 더 나아질 것이 없다. 그러니 하지 않는 것이 낫다. 좋지 않은 기분으로 책상 앞에 앉는들 공부가 제대로 될 리 없다. 결국, 공부하는 시늉만 하게 될 것은 뻔하고 상황은 비슷하게 반복될 뿐이다.

실력이 좋은 학생은 한 학원을 오래 다닌다. 그런 학생들을 오랫동안 관찰해 보니 대부분 부모와 학생의 사이가 좋았다. 성적이 좋은 학생뿐 아니라 성적이 점점 좋아지는 학생들도 마찬가지였다. 공부를 잘하니까 사이가 좋은 것이라 말하는 사람도 있지만, 꼭 그렇지만은 않다. 생각해 보자. 아이가 어릴 때는 사이가 좋았지만 성적이 개입되며 점점 나빠지지 않았던가. 그러니 학년이 높아져도 부모가 지켜야 할 우선순위는 학습이 아니라 관계여야 하고, 그 관계는 항상 좋아야 한다.

정도의 차이는 있지만 어느 아이나 좋은 성적을 받고 싶어 한다. 그런 마음은 학년이 올라갈수록 점점 강해진다. 그에 따라 공부에 대한 태도도 달라진다. 중학생 때는 그 차이를 쉽게 느낄 수 없지만, 고등학생에게서는 확실히 느낄 수 있다. 그렇게 학습 태도가 달라진 학생들은 대부분 부모로부터의 공부 스트레스가 많지 않았다. 똑같은 레벨 테스트 점수를 두고 학생이 부모로부디 듣는 말은 극과 극일 때도 있다.

"괜찮아, 열심히 해서 다음에 잘 치면 돼."
"어이구, 학원 레벨 테스트도 이렇게 치는데 나중에 수능은 어떻게 칠래?"

둘 다 아이들에게서 실제로 들은 이야기다. 어떤 말을 들으며 공부한 학생이 점점 좋아질지는 자명하지 않은가? 눈에 거슬릴 때 잔소리를 해 버리는 것은 제일 쉬운 일이다. 하지만 아이를 생각한다면 목구멍까지 올라온 잔소리를 꾸역꾸역 삼키는 것이 필요하다. 그렇게 보호해 준 아이의 '자존감'이 때가 되면 스스로를 움직이게 한다.

공식이 정해져 있는 것이 아니기에 그 방법을 명확하게 알려줄 수는 없다. 아이들의 성향과 성격이 모두 다르니 공식이 없는 것이 당연하다. 그저 가야 할 방향만 알려줄 수 있다. 부모는 아이가 좋아하는 것과 해야 할 것을 조화롭게 수행하도록 조율해 주면 된다. 그렇게 하면 아이와의 관계가 나빠질 이유가 없다. 사이가 좋으면 학업의 결과도 좋을 가능성이 크다. 설사 그 결과가 만족할 수준이 아닐지라도 좋은 관계는 계속해서 남는다. 하지만 사이가 나쁘면 최선의 경우 성적 하나 잡게 되는 것이고(물론 그 가능성은 적다), 둘 다 놓치게 될 가능성은 더 크다. 그래서 공부와 관계 둘 중 하나를 선택해야 한다면, 무조건 관계다.

늦은 것은 없다

군대 시절 우리 부대는 상병이 되어야 책을 볼 수 있었다. 나는 상병 진급 직후 휴가 기간에 시사영어가 수록된 단어장을 몇 권 샀다. 전투복 바지의 건빵 주머니에 들어갈 만한 크기였다. 그리고 여유가 생길 때마다 단어를 외웠다. 어느 날 일과 후 내무반에서 그 책을 보고 있는데 동갑내기 선임이 나를 불렀다.

"어이, 정 상병. 내가 뭐 하나 물어볼 건데 웃지는 마."

"네."

"음악, '뮤직' 그거 영어 철자가 뭐지? mugic 아닌가? music인가?"

나보다 2개월 선임이었으니 그는 입대한 지 최소 14개월 되었을 때였다. 그는 서울 소재 명문 대학교를 다니다 입대했다. 그런 그가 '뮤직'의 영어 철자가 기억나지 않는다니, 상상도 하지 못할 일이 아닌가? 더 놀라운 사실은 그 질문을 받고 나 역시 몇 초간의 생각할 시간이 필요했다는 것이다. 갑작스러운 질문에 나도 s와 g사이에서 잠시 고민했던 기억이 선명하다. 이 이야기를 하는 이유는 군대를 갔다 오면 머리가 재부팅된다는 것을 말하고 싶어서다. 그렇게 재부팅되면 학창 시절에 배우고 암기한 대부분의 지식이 머리에 제대로 남지 않는다.

내 유튜브 채널에 남겨진 댓글 중에 고등학교 3학년 때 3~4등급이었는데, 재수해서 수학 만점을 받을 수 있냐는 질문이 있었다. 나는 내 고등학교 때 친구의 이야기로 답을 대신했다.

당시 명재는 한 지방 사립 대학 공대에 입학했다. 입학 후 1년 동안은 여느 학생들처럼 공부보다는 대학 생활의 즐거움만 누리다가 입대를 했다. 그리고 전역 후 재부팅된 그 머리로 재수를 해서 한의대에 입학해 지금은 한의사다. 20대 중반이었던 어느 날, 우연히 마주친 명재가 이렇게 말했다. "근창아, 마음을 고쳐먹으니까 책이 재미있던데."

명재 외에도 같은 반이었던 또 다른 친구인 형석이도 있다. 형석이는 '새마을' 활동으로 수업 시간에 자리에 없었던 적이 가끔씩 있었다. '새마을'이란 교칙을 위반해서 수업 시간에 학교 청소를 했던 아이들을 말한다. 형석이 역시 군대를 다녀와서 재수를 했다. 그리고 다른 지역의 국립대 공대를 졸업해서 지금은 대기업에 다닌다고 들었다.

÷

초조함을 잊어라

경수는 중학교 1학년부터 3년 동안 우리 학원을 다녔다. 수학적 감각도 뛰어난데 무엇보다 성실했다. 거리가 좀 먼 자율형 사립 고등학교에 입학하는 바람에 학원을 그만뒀지만, 동생이 학원을 다니고 있어서 소식은 계속 들을 수 있었다. 경수가 고등학교를 졸업할 무렵 동생에게 근황을 물었다. 의대에 진학하지 못해서 재수하기로 결정했다고 전했다. 그렇게 한동안 잊고 지내다 이듬해 수능 성적이 발표되고 난 후 다시 동생에게 물었다.

"형 어디에 원서 쓰니?"
"○○대, ○○공학요."
"왜? 의대 간다고 했잖아."
"재수할 때 엄청 놀았어요."

1년은 그런 시간이다. 완전히 재부팅된 상태에서도 최상위권 수준까지 올라갈 수도 있고, 반대로 한순간에 큰 폭으로 떨어질 수도 있다.

상담을 하다 보면 초등학교 고학년에서 고등학생 자녀를 둔 학부모로부터 "너무 늦었죠?"라는 말을 자주 듣는다. 그때마다 나는 안 늦었다고 말한다. 내 대답은 '실력은 올리면 됩니다'라는 의미다.

언급한 예에서처럼 고등학교를 졸업하고도, 군대를 다녀오고도 역전할 기회가 있는데 초, 중, 고등학생에게 무엇이 늦었다는 말인가? '늦지 않았음'은 아이가 마음을 고쳐먹고 공부를 열심히 하는 것뿐만 아니라 부모가 진정으로 '늦지 않았다'고 생각하는 것에서 시작된다.

늦었다고 생각하면 조급해져서 평정심을 쉽게 잃고, 결국 아이들에게 스트레스를 주게 된다. 그런 스트레스를 받으며 안 하던 공부를 하게 될 가능성은 거의 없다. 아이가 소홀하던 공부를 열심히 하는 것과 부모가 늦었다는 생각을 머리에서 밀어내는 것은 말처럼 쉬운 일이 아니라는 것을 안다. 그렇지만 아이와 부모 중 누가 먼저 노력하고 실천해야 하는지는 확실하다.

수학 머리는 필요 없다

중학교 2학년 남학생과 어머니가 상담을 왔다. 우리 학원에 다니는 학생의 소개로 왔다고 했다. 테스트가 시작되고, 학생의 어머니가 물었다.

"수학은 원래 머리가 좀 있어야 하지요?"

"아니요."

"남편도 저도 문과라 애가 수학 감각이 없는 것 같아요."

"별로 상관없습니다. 그냥 공부를 똑바로 안 해서 그렇습
니다."

지난 십여 년 이상의 경험으로 감히 말하자면, 머리가 좋다는 이유로 좋은 수학 성적을 유지하는 기간은 최대 중학교 3학년까지다. 이유는 간단하다. 고등학교 수학은 타고난 머리로만 풀어 내기에는 너무 양이 많고 어렵기 때문이다. 학부모 강연이 있다면 이런 질문을 해 보고 싶다.

"수학을 공부하면 머리가 좋아진다고 생각하시나요?"

대부분은 그렇다고 답할 것이다. 수학을 공부하면 논리적으로 생각하는 힘이 생긴다고 하지 않던가. 머리가 좋아지는 것이 맞다. 운동으로 근육을 단련시키듯, 수학 문제를 풀면 뇌가 단련된다. 그러니 수학을 열심히 하면 똑똑해지는 것은 확실하다. 그렇다면 이 질문도 이어서 해 보고 싶다.

"수학을 잘하려면 기본 머리가 있어야 한다고 생각하시나요?"

이 또한 많은 사람이 그렇다고 대답할 것이다. 수학을 공부하면 머리가 좋아진다고 생각하면서도 수학을 잘하려면 일단 머리가 좋아야 한다고 말한다. 수학적 머리가 없어서 실력이 좋지 않다고 하는 것은 보호 본능이다. 우린 '원래' 그런 것에 대해서 좀 너그러우니까. 이런 역설적인 상황은 세 번째 질문으로 간단하게 마무리 지을 수 있다.

"아이가 더 똑똑해지기를 원하시나요, 아니면 정신 차리고 공부하기를 원하시나요?"

이런 경우 대부분 후자를 선택할 것이다. 성적을 올리기 위해서는 더 똑똑한 머리가 필요하지 않다. 정신 차리고 의자에 엉덩이를 붙이고 공부를 하면 된다. 갑자기 똑똑해질 수는 없지만, 갑자기 정신을 차릴 수는 있다. 그렇게 정신 차려서 수학 공부를 열심히 하기 시작하면 머리는 조금씩 좋아진다. 성적 향상은 덤으로 따라온다.

÷

중요한 것은 공부를 시작하는 것

결국 방아쇠를 당기는 것은 '타고난 머리'가 아니라 '공부를 시작하는 것'이다. 그리고 공부는 학원에 보내는 것이 아니라 분위기를 좋게 하는 것에서 시작된다. 공부를 해야 하는 분위기를 조성하는 것이 아니라, 공부를 할 수 있도록 분위기를 만들어야 한다.

"누굴 닮아서 그렇다(그래서 너도 그렇다)."

"공부하는 머리가 없다(노력해도 안 된다)."

"이미 늦었다(그러니 포기해라)."

혹여나 아이가 듣는 곳에서 이런 말은 절대로 삼가야 한다. 그런 말을 들으면 기가 꺾이는데, 어떻게 공부할 마음이 제대로 생기겠나. 그 대신에,

"엄마, 아빠도 그런 적이 있다(공감)."

"열심히 하면 된다(노력)."

"늦지 않았다(긍정)."

이런 말로 기운을 북돋우자. 당장은 아니라도 점점 좋아질 것이다. '어느 세월에 이렇게 해서 성적이 오르길 기다리겠느냐?'고 포기하지 마라. 지금이 가장 빠른 때다.

물려받는 수학 머리는 분명히 있다. 얼굴이 닮고, 곱슬머리도 닮고, 대머리도 닮고, 발가락도 닮는데 뇌만 안 닮을 수는 없다. 그런데 초등학교, 중학교, 고등학교 수학을 배우고 익히는데 머리는 별로 중요하지 않다. 그냥 열심히 하면 잘하게 된다.

```
    ^     ^
    ×     +
   = ± =
```

정신은 언제 차리나

"정신 차렸다."

손 놓았던 공부를 갑자기 열심히 하는 모습을 보면 우리는 이런 말을 쓴다. 공부를 안 하면 '정신 못 차린' 것이다. 공부를 다소 소홀히 하는 것에 대하여 우리는 무거운 표현을 쓰고 있는 셈이다.

"고등학교 가더니 정신 차리고 열심히 하더라." 이런 말은 주위에서 비교적 빈번하게 들을 수 있지만, "중3 되더니 정신 차리더라.", "중1 되더니 달라지던데." 이런 말은 좀처럼 들을 수 없다. 나 역시 10년 이상을 관찰했지만, 중학생 중에서 공부를 갑자기 열심히 하기 시작한 경우는 본 적이 없다.

고등학교 진학을 앞둔 중학교 3학년은 어떨까? 부모는 진학에 대한 부담도 있을 테고, 중학교 시절 내내 실컷 놀았으니 이제는 공부하지 않을까 기대한다. 하지만 아이들은 전혀 달라지지 않는다. 아이들을 관찰하면서 '중학교 1학년은 초등학교 7학년이고, 3학년은 2학년과 전혀 다르지 않다'라는 결론에 다다랐다.

수년 전, 중학교 3학년 학생들을 대상으로 고등 수학에 대한 선행 수업을 1년 넘게 진행한 적이 있다. 선행 학습을 안 해서 걱정인 엄마들의 강력한 요청에 따라 추가로 개설한 수업이었다. 현행에 더 집중해야 할 아이들이었지만 '이제 3학년이니 좀 더 열심히 하겠지'라는 기대를 안고 시작했다.

1월 수업을 시작한 직후에는 6명이 있었는데, 3월이 되어 학기가 시작되니 수업 내용을 소화하지 못한 3명이 포기했다. 고등학교 수학의 내용 자체도 쉽지는 않았겠지만, 수업이 늘어난 만큼 공부하는 시간을 추가로 더 늘리지 않아서 수업 내용이 충분히 소화가 되지 않은 듯했다. 나머지 3명은 이듬해 2월 중학교를 졸업할 때까지 수업을 계속했는데, 그중 1명만이 내용을 제대로 이해하고 따라왔다. 이윽고 수업을 마칠 때 즈음 교훈을 얻었다. '중학교 3학년도 쉽게 정신 차리지 못한다는 것', '선행 학습은 아무나 하는 게 아니라는 것'

÷

환경의 중요성

아이들은 주변 환경이 바뀌어야 그에 맞춰 행동하기 시작한다. 그래서 환경이 변하지 않는 중학교 2~3학년 기간 동안 학년이 올라간다고 해서 아이들의 태도가 달라질 가능성은 적다. 부모는 신체적으로 급격한 변화가 있으니 정신적으로도 성숙해지기를 바라지만, 아이는 그렇게 되지 않는다. 그럼 중학교 1학년은 환경이 바뀌었는데 왜 달라지지 않느냐고 물을 수도 있다. 내가 보기에 중학교 1학년은 주변 환경이 바뀌었다는 것을 인식하지 못하는 것 같다. 행동을 보면 그냥 여전히 초등학생이다. 초등학생 티를 벗는 데 꼬박 1년이 걸린다. 그러고 나면 바로 중학교 2학년, 3학년이다. 정신 차릴 틈이 없다.

기찬이는 중학교 3학년이었다. 고등학교에 올라가면 모의고사 2등급 정도의 성적은 충분히 나올법한 상위권 수준의 아이였다. 고등학교는 기숙사가 있는 마이스터 고등학교를 선택했고, 그렇게 집을 떠났다. 기찬이의 동생이 우리 학원을 계속 다니고 있어서 기찬이의 근황을 들을 기회가 여러 번 있었다. 가끔 집에 오는 기찬이의 말과 행동이 중학교 3학년 때와는 달리 너무 어른스러워졌다고 했다.

성인도 마찬가지다. 고등학교 3학년 때까지는 그렇게 하라고 해도 하지 않던 공부인데, 교복을 벗고 대학생이 되면 도서관에 자리 잡으러 일찍 집을 나선다. 또, 정장을 멋지게 입고 수업하던 교수님도 예비군 훈련장에서는 앞섶을 다 풀어 헤치고, 전투화를 질질 끌면서 돌아 다닌다. 환경이 이렇게 무섭다.

÷

스트레스를 최대한 줄여라

다시 '정신 차리는' 문제로 돌아가 보자. 매정하게 들릴 수도 있지만, 중학생은 애석하게도 거의 정신을 차리지 못한다. 아무리 지지고 볶아도 소용없다. 애타는 쪽은 결국 부모일 뿐이다. 공부로 잔소리를 하면 할수록 아이들은 공부에서 멀어지고 부모와의 관계도 소원해진다. 그러면 고등학생이 되어도 별반 다르지 않을 가능성이 크다. 오히려 공부로 스트레스 주는 것을 삼가고, 나쁜 방향으로 빠지지 않도록 잘 관찰하고, 잘하는 것을 많이 칭찬해 주는 것이 가장 좋은 방법이다. 난 이 전략을 '밑 빠진 독에 물 붓기'라고 한다.

형제가 모두 서울대에 합격한 두 집을 안다. 그 4명 중 3명은 중학생 때부터 전교 1~2등을 다투는 수준은 아니었다. 3명은 이상하게도 고등학교에 입학하자마자 훨씬 좋은 성적을 받기 시작했다. 중학교 때보다 정원이 늘어났음에도 불구하고 입학

초기부터 극상위권의 성적을 찍었고, 그 성적은 고등학교 3학년 때까지 유지되었다.

이 아이들 간에 공통점이 있었다면 집에서 주는 공부 스트레스가 적었다는 것이다. 또 일찍 선행 학습을 하지도 않았다. 이 중 초등학교 6학년에 《수학의 정석》을 공부했던 아이는 1명도 없었다.

앞서 이야기했듯이 일단 '중학생은 변하지 않는다.'라는 마음을 가지자. 그래야 아이에게 스트레스를 덜 주게 된다. 그렇다고 '고등학생이 되면 정신 차리겠지'라는 기대도 크게 하지는 말자. 중학생 때보다는 조금 가능성이 커진다는 말이지 교복을 갈아입는다고 모두 바뀌는 건 아니다. 밑 빠진 독을 두꺼비가 막아 줘야 물이 차오를 것 아닌가. 그들을 지켜보고 열심히 응원하자. 마음에 들지 않는 것이 있으면 일방적으로 야단치기보다는 대화를 통해 풀어보자. 어렵겠지만 참는 것도 좋은 방법이다.

어른들도 학창 시절을 겪어봐서 그 심리를 다 알 것이다. 공부를 누가 하란다고 했었던가. 그냥 했거나, 그냥 하지 않았다. 이런 걸 다 알면서 자기 자식들에게는 공부하라고 잔소리를 하는 것 자체가 모순이다. 아이들에게 공부는 어른에게 운동 같은 것이다. 해야 하는 걸 알지만 하기가 귀찮고, 잔소리를 들을수록 하기 싫어지며, 그 맛을 알게 되면 시키지 않아도 한다. 그래서 정신은 언제 차리느냐고? 아무도 모른다.

스마트폰과의 전쟁

어린 시절, 할아버지는 검은색 가죽으로 된 동전 지갑에 100원 짜리 동전을 많이 넣어 두셨다. 난 그 지갑에서 가끔, 아니 자주 동전을 훔쳐서 시장 한구석의 통닭집 옆 전자오락실로 달려가곤 했다. 하루에 2번씩 그랬던 적도 있었다. 남들만큼 잘하지도 못했던 그 〈갤러그〉 게임이 왜 그렇게 머릿속을 맴돌았는지 모르겠다.

초등학교를 졸업하고서는 통학이 1시간 넘게 걸리는 중학교에 배정되어 버스를 타고 다녔다. 버스 정류소에서 집에 오는 길에 전자오락실이 몇 곳 있었는데, 친구들과 나는 그냥 지나치지 못하고 당시 유명했던 게임인 〈올림픽〉을 매일 1판씩 했었다. 전자오락에 빠졌다기 보다는 그냥 일과의 하나였고 잠시간의 재미였다. 지금도 그 시절의 친구들을 만나면 손톱이 까맣게 되도록 전자오락기의 버튼을 갈았던 이야기를 한다. 그때는 전자오락실이 문제였다. 전자오락실에 아들을 잡으러 오는 엄마를 흔히 볼 수 있었다. 나 역시 그렇게 잡힌 경험이 몇 번 있다.

지금은 그때의 전자오락실 역할을 스마트폰과 피시방이 대신하고 있다. 스마트폰을 아예 안 사줄 수는 없다. 요즘 아이들은 스마트폰으로 쇼핑도 하고, 영화도 보고, 음식도 시킨다. 심지어 공부도 스마트폰으로 한다. 단지 공부에 방해된다는 이유로 사용하지 못하도록 하는 것은 현대 문명의 이기를 누리지 못하도록 하는 것이다.

나 역시도 우리 아이에게 그렇게 했었다. 초등학생 때는 스마트폰을 사주지 않고, 중학생 때는 내가 쓰던 공기계 하나를 집에서만 사용할 수 있도록 했다. 게다가 고등학생이 되면 인터넷도 안 되는 공부용 핸드폰으로 바꾸는 데 동의한다는 약속까지 반강제로 미리 받았다. 이제 와 돌이켜보면 도대체 무슨 생각으로 그런 결정을 했는지 이해가 되지 않는다. 후회해도 소용없다. 다 지나간 일이니 앞으로 잘하는 게 더 중요하다.

÷

스마트폰, 왜 중독되는가?

그럼 스마트폰을 대체 언제 사줄 것인가? 그 시기를 미룰 수 있으면 최대한 미루고 싶은 경우가 많을 듯하다. 나도 처음엔 그랬으니까. 그런데 학생들을 가까이서 관찰해 보니 초등학생 정도면 스마트폰을 사줘도 큰 문제가 없다는 생각이 들었다.

어차피 사줄 것이면 일찍 사주는 것이 더 나을 지도 모른다. 왜냐하면 충분히 많은 시간 동안 이것저것 해 볼 수 있기 때문이다. 스마트폰에 빠져서 허우적거리는 시기를 피할 수 없다면 초등학생 때 미리 겪는 것이 낫지 않을까? 공부는 또 다른 문제다. 스마트폰이 있어도 공부할 아이들은 공부하고, 없어도 안 할 아이는 안 한다. 내가 본 최상위권 학생들 모두가 스마트폰을 가지고 있었고 쉬는 시간에 게임도 많이 했다.

TV는 1~2시간으로 끝나는데 스마트폰은 그렇게 잘 안 된다. 두 기기의 콘텐츠 차이다. 유튜브, 인스타그램, 페이스북, 틱톡까지 알고리즘을 어찌나 잘 짰는지 한번 시작하면 시간 가는 줄 모르고 계속 보게 된다. 훌륭한 알고리즘이 아이들을 유혹하는 것도 문제지만, 더 큰 문제는 우선순위를 못 정하는 아이의 태도다.

혹자는 해야 할 것을 먼저 하고 스마트폰을 하도록 가르치라 말한다. 그러나 말처럼 쉬운 일은 아니다. 부모가 더 중요하게 생각하는 공부, 운동, 사교 활동보다 침대에서 뒹굴대며 보는 영상이 더 편하고 재미있기 때문이다. 이렇게 할 일을 뒤로 미루는 자녀들 때문에 하루하루가 전쟁인 가정이 전국에 족히 수십만일 것이다. 우리 가족도 그중의 하나였다.

바른 태도가 자리 잡기 전에 스마트폰에 빠지면 그 전으로 되돌리기 쉽지 않다. TV의 상담 프로그램에서 태도가 바뀌어서 서로의 얼굴에 웃음꽃이 피는 경우를 보았는데, 나는 쉽게 고쳐지지 않을 확률이 더 크다고 생각한다. 스마트폰 앞에서 아이들은 그렇게 이성적이지 않기 때문이다.

최상위권 고등학생 아들을 둔 한 친구는 아들이 독서실에서 공부하다 새벽 2시에 집에 오면 3시까지 스마트폰을 보다가 잔다고 했다. 아무리 잔소리해도 고쳐지지 않는다고 푸념했다. 요즘 아이들에게 스마트폰은 그런 것이다. 하루에 어느 정도는 꼭 사용해야 한다.

아이폰에는 '스크린 타임'이라는 기능이 있다. 하루 또는 일주일 동안 스마트폰을 얼마나 사용했는지 알려준다. 아이폰이 아니라면 따로 애플리케이션을 설치하면 된다. 아직 아이가 이제 막 스마트폰을 사용하기 시작했거나 스마트폰을 사주기 직전이라면 사용 시간을 주간 단위로 정하고 지키도록 규칙을 정하기를 추천한다.

하루 사용 시간을 잘게 쪼개어 조금씩 사용하게 하면 아이들은 부족함을 느끼게 된다. 그보다는 일주일의 긴 호흡으로 전체 사용 총량을 정하고 아이들에게 자율권을 준다면 요일별로 맞게 사용량을 관리하면서 만족도를 높일 수 있다. 더불어 자연스럽게 본인의 스마트폰 사용 시간을 살펴보면서 자기 일정에 대한 관리도 겸하게 된다. 적정 수준의 사용 시간을 지킨다면 해야 할 것과 하고 싶은 것의 순서도 그다지 중요하지 않다.

÷

공부용 핸드폰, 효과 있을까?

고등학생이 되어서 전화와 전자사전 기능만 있는 공부용 핸드폰으로 바꾸는 학생들도 있다. 만약 부모의 주도로 바뀐 거라면 스마트폰이 눈앞에서 사라지면서 생긴 여유 시간이 학습으로 연결되기는 쉽지 않다. 스마트폰은 사라졌지만, 스마트폰 사용에 대한 욕구가 사라지지는 않았기 때문이다. 오히려 욕구불만으로 스트레스를 받고 집, 학교, 독서실의 책상에 앉아 있다고 해도 공부에 집중하지 못할 수도 있다. 욕구는 해소되거나 다른 것으로 옮겨가야 사라진다. 스마트폰을 없앤다고 바로 그 욕구가 사라지고 공부로 관심이 옮겨가기엔 스마트폰은 너무 재미있다. 그에 비해 공부는 재미가 없고 힘들다.

이미 스마트폰 사용 시간으로 아이와 크게 부딪히는 상황이면 아이를 이기려 하지 않는 게 낫다. 부모가 극단적으로 조처하면 아이도 극단적인 대응을 하게 된다. 어떤 경우에도 부모가 이기는 결과는 존재하지 않으므로 대화로 두 입장의 중간 지점에서 타협하는 것이 최선이다.

시험 후 아이들

학교의 시험 기간이 끝날 무렵이면 늘 전화가 울린다.

"오늘 혹시 입학 테스트 예약 가능한가요?"

"네, 4시부터 됩니다. 근데 학교가 어디죠?"

"캘리중학교요."

"캘리중학교는 오늘 시험 끝났을 텐데 오늘은 오시지 말고, 내일 오시면 좋겠습니다. 애도 좀 쉬어야죠."

학교마다 시험 일정이 조금씩 다르다. 시험이 끝나는 날에는 해당 학교 학생들에 대한 입학 테스트 예약을 되도록 받지 않는다. 몇 주간 준비해서 힘들게 시험을 쳤으니, 결과와 상관없이 적어도 시험이 끝나는 당일은 좀 쉬어야 한다. 그런데도 시험 끝나는 당일에 아이가 동의했다면서 손목을 잡고 입학 테스트를 치러 오는 경우가 있다. 과연 엄마가 먼저 말을 꺼내지 않았어도 아이가 가자고 했을까?

정도의 차이는 있지만, 아이들도 시험은 어떻게든 잘 치고 싶어 한다. 그런 시험을 망친 아이들의 마음은 어떨까. 정말 암울할 것이다. 학교에서는 옆자리 친구가 이번엔 잘 쳤는지 성적을 자꾸 물어봐서 짜증이 난다. 학원에 가니 다른 학교에 다니는 아이는 시험이 쉬워서 전보다 잘 쳤다고 목에 힘을 주고 있다. 학원 선생님은 시험지를 보더니 이런 걸 왜 틀렸냐고 묻는다.

학교, 학원 어디에도 위로해 주는 사람은 없다. 집에서는 또 어떤가. 엄마는 이미 다른 친구들의 점수까지 다 파악해서 '너만 왜'로 말을 시작하고, 한동안 아무 관심 없던 아빠까지 갑자기 성적표를 보더니 표정을 굳힌다. 결국 집에서도 똑같다.

적어도 집은 위로를 받을 수 있어야 한다. 이미 지나간 시험 성적을 들먹여 봐야 전혀 도움되지 않는다. 다음 시험에서 더 잘 치기를 정말 바란다면 이번 시험은 빨리 잊을 수 있도록 해야 한다. 그 유일한 방법이 바로 부모님의 따뜻한 위로다.

"괜찮아, 열심히 했잖아."

이 한 마디에 아이는 다음 시험을 열심히 준비할 힘을 얻는다.

÷

시험 직후 아이와 좋은 관계를 만드는 방법

한동안 아이 교육에는 관심이 없던 아빠가 그동안의 무관심을 만회하기 위해 시험 직후에 말을 걸려 한다면, 타이밍을 완전히 잘못 잡은 거다. 마음먹고 물어보는 것이 고작 시험 점수고, 점수가 마음에 안 들어서 채근까지 한다면 그건 누굴 위한 관심인가? 그런 관심이면 차라리 계속 무관심한 게 나을 수도 있다. 좋은 대학에 가려면 할아버지의 경제력과 아빠의 무관심이 필요하다는 웃기지만 슬픈 말도 있지 않은가.

열심히 바깥일 하느라 정신적, 육체적으로 힘든 와중에 아빠로서 아이에게 관심을 보이고 싶다면 이렇게 해 보자. 시험 직후에 아이를 보면 시험 결과를 묻지 않고 그냥 지갑에서 용돈을 좀 꺼내서 쥐어 주는 게 최고다. "시험 치느라 고생 많았어. 친구랑 맛있는 거 사 먹어."라고 하면서 등도 좀 툭툭 두들겨 주자. 만약 시험을 치기 전이면, "요즘 공부하느라 다들 힘들다던데 고생이 많다. 쉬엄쉬엄해."라는 말로도 충분하다.

공부를 열심히 하든 안 하든 상관없다. 공부를 열심히 하는 아이는 결과와 상관없이 나를 이해해 주는 아빠의 마음에 고마

움을 느낄 것이고, 공부에 관심이 부족한 아이는 좀 미안한 마음을 가지게 될 것이다. 밖으로 그런 모습이 드러나지 않아도 저 깊은 잠재의식에서는 그렇게 느낄 거라 진심으로 믿고 실천해 보자. 왜? 아이들은 착하니까. 설령 아이들이 그렇게 생각하지 않더라도 실망할 필요는 없다. 적어도 둘의 관계를 좋게 만드는 긍정적인 효과는 반드시 있으니까.

여기까지 읽고 '그깟 용돈 조금 쥐여 준다고 애가 바뀌나?' 라고 생각했다면 반성을 해야 한다. 용돈이 아니라 따뜻한 말 한마디가 필요하다는 의미다. 물론 용돈도 아주 중요한 매개체니 말만 번지르르하게 하지도 말자. 이 불확실한 전략을 굳이 추천하는 이유는 소위 '정신 차리는' 시기를 조금이라도 앞당길 수 있기 때문이다.

이 전략의 성공 여부가 불확실하다고 해도, 적어도 공부 안 하냐는 말보다는 훨씬 성공할 가능성이 크다. 주어진 시간 안에 정신을 못 차려도 너무 실망할 필요는 없다. 아빠가 자식에게 따뜻한 관심을 주는 건 당연한 일이다. 아이는 가슴 어딘가에서 다 느끼고 있을 것이다. 그냥 그렇게 믿으면 된다.

$$\begin{matrix} & \wedge & & \wedge \\ \times & & + \\ = & \pm & = \end{matrix}$$

이사, 갈 것인가 말 것인가?

학원을 시작한 2008년 어느 날, 비학군지인 옆 동네에서 중학교 1학년 학생인 현규가 상담을 왔다. 당시에는 자유학년제가 없었기 때문에 1학년 1학기에 중간·기말고사가 있었다.

"현규는 성적이 어떤가요?"
"이번 중간고사에서는 전교 3등 했어요."

자랑이 약간 섞인 말투였다. 학령 인구가 지금보다 40%는 더 많았던 시절이었고, 초보 원장이었던 나는 전교 3등이라는 말을 듣고 현규가 공부를 좀 한다고 생각했다. 그러나 레벨 테스트 결과를 본 뒤에 그 생각이 완전히 깨졌다. 당시 우리 학원에는 한 학년에 학생의 실력별로 A, B, C, D의 레벨이 있었는데, 현규의 레벨 테스트 성적은 C 레벨의 수준이었기 때문이다.

초보 원장이었던 나는 학원생을 1명이라도 더 늘리겠다는 욕심에 현규의 수준보다 높은 수준인 B반에 배정했다. 소위 말하는 '전교권' 석차의 학생이었으니 레벨 테스트만 좀 못 친 것이라 생각해서 수업하는 데는 문제가 없을 줄 알았다. 그러나 현규는 예상과 다르게 첫 수업부터 매우 힘들어했고, 일주일 후 결국 학원을 그만뒀다. 그 사건을 계기로 지금까지 레벨 테스트 외에 어떠한 것도 반 배정에 고려하지 않고 있다.

나에게는 매월 꼭 만나는 중학교 동창들이 있다. 그중 나를 포함한 세 명의 친구들은 동갑인 아들, 딸을 둬서 같은 시기에 모두 고등학교 1학년이 되었다. 아이들이 중학생일 때는 시험 문제가 학교마다 달라서 실력을 비교할 수 없었는데, 고등학교 1학년 3월 전국 모의고사를 통해 그 기회가 생겼다.

교육 과열지구가 아닌 곳에 사는 한 친구의 아이는 수학 석차가 전교 2등인데 1등급 커트라인을 겨우 넘겼다고 했다. 게다가 전교 3등인 학생은 3등급이라고 했다. 우리 학원 인근의 학교에서는 1등급 커트라인의 학생이 반에서 7~8등이었으니까 지역 간 격차가 상당히 컸던 셈이다. 나는 격차를 예상했었지만,

친구는 결과에 충격을 받은 듯했다. 그는 딸이 우물 안의 개구리가 되지는 않을까 걱정하기 시작했다. 그 후 6월, 9월 모의고사에서도 격차는 비슷하게 유지되었다.

÷

이사를 결정하기 전 꼭 고려해야 할 사항

2019년에 어느 유명 출판사의 인공지능 문제은행 시스템 프로젝트에 검수자로 참여한 적이 있다. 출판사가 서울에 있으니 바람이나 쐴 겸 회의하러 갔었다. 거기에는 전국에서 모인 나와 같은 자격의 학원장들이 여럿 있었다. 어느 지방 중소 도시에서 온 원장이 말했다.

"제가 있는 곳은 학교 시험이 쉽게 나오니까 애들이 어려운 문제를 안 풀려고 해요."

그렇다. 사람은 환경에 적응하는 동물 아닌가. 아이들도 마찬가지다. 학교 시험이 쉽게 나오면 아이들은 그 이상의 어려운 문제를 풀려고 하지 않는다. 수학은 평소에 공부해야 하는 과목이기 때문에 꾸준히 도전적인 문제를 풀지 않으면 시험 기간에 잠깐 어려운 문제 풀어봤다고 그게 실력이 되지는 않는다.

학교 시험이 쉬워서 학생들이 어려운 문제는 풀지 않으려 하니 그 지역의 학원에서는 어려운 문제를 가르치지 않는다. 결국 평소에 도전적인 문제를 푸는 것이 잘되지 않는 것이다. 학원에서 그렇게 이끌어 주면 되지 않느냐고 반문할 수 있다. 하지만 학원의 실질적인 고객은 학생이기에 학생이 하려 하지 않는 상황에서 개설한 수업이 잘 유지될 수는 없다. 이런 이유로 자신의 실력보다 더 어려운 수업을 원하는 비 학군지 학생은 멀리 학군지에 위치한 학원에 다닐 수밖에 없다.

학원을 옮기는 것뿐만 아니라 아예 이사를 할지도 고민사항이다. 학군지라 불리는 지역으로 이사를 가야할지를 결정하지 못해 인터넷의 유명한 카페에 질문하는 경우도 많다. 친구가 나에게 같은 질문을 했을 때 처음엔 부정적으로 답했었다. 그런데 곰곰이 생각해보니 그 대답은 내 진심이 아니었다. 반대로 학군지에 사는 나보고 다른 지역으로 이사를 나갈 수 있냐고 묻는다면 망설임 없이 "아니."라고 대답할 것이었기 때문이다. 그러니 학군지로 이사하는 것은 경제적인 부분이 걸리지 않는다면 괜찮은 선택이라고 생각한다.

단, 이사를 결정하기 전 반드시 고려해야 할 것들이 있다. 시험 점수와 전교 석차는 어쩔 수 없이 떨어질 것이고, 그와 함께 자신감도 떨어질 수 있다. 그래서 공부에 대한 흥미까지 사라질 수도 있다. 또 친하던 친구들과 헤어져서 스트레스를 받을 수도 있다. 이런 상황은 시간이 흐르면서 극복이 될 수도 있고, 안 될 수도 있다. 그런 부분은 각오해야 한다.

보통 이사를 해서 성공한 경우만 많이 회자된다. 하지만 그렇지 않은 경우가 더 많을 것이다. 학원을 운영하면서 그렇지 않은 경우를 더 많이 보았다. 그러니 이사를 결정하기 전 최악의 상황을 미리 생각해야 한다. 아이의 성적이 기대에 못미치더라도 '괜찮다'라고 진심으로 말해줄 수 있어야 한다. 만약 '너 때문에 이사 온 건데' 같은 말부터 내뱉을 것 같으면 이사는 생각하지 않는 게 좋다.

$$\begin{array}{cc} \wedge & \wedge \\ \times & + \\ = \pm = \end{array}$$

과정을 의심하지 마라

지금은 의대를 졸업하고 인턴 과정에 있을 수진이는 중학교 1학
년 1학기 수학 성적이 70점대로 떨어지고 엄마 손에 이끌려 우
리 학원에 왔었다.

"얘가 중간·기말고사 2번 다 70점대를 받았어요. 많이
풀었는데 뭐가 문제인지 모르겠어요."

옆에 앉아있는 수진이도 자신감이 없어 보였다.

"같은 반에 100점 받은 학생은 있나요?"

시험의 난이도를 확인하기 위해서 물었다.

"네, 1명 있어요."

수진이가 다니는 학교가 학군지에서도 어렵게 시험 문제를 내는 학교라서 그랬을 수도 있다는 생각을 잠시 했다. 그런데 100점을 받은 학생이 있다고 하니 또 그런 상황은 아니었다.

'시험을 1번도 아니고 2번이나 못 쳤다면 긴장한 것이 아니라 실력이 부족할 것이다.'라고 생각을 하면서 일단 레벨 테스트를 실시했다. 예상과 달리 실력이 너무 좋았다. 70점을 2번이나 받은 학생이라는 말을 믿을 수 없었다. 학교 시험 성적과 상관없이 제일 높은 레벨의 수업에 배정했다.

"수진이 수학 실력이 너무 좋네요."

"정말요? 근데 왜 시험은 2번이나 70점 밖에 못 받았을까요?"

"저도 잘 모르겠습니다. 긴장을 많이 했을 수도 있죠."

"수업은 잘 따라갈 수 있을까요?"

"실력이 좋으니까 문제없습니다."

레벨 테스트의 변별력에 대한 확신이 있었기 때문에 학생의 실력이 아주 좋다는 사실에 대해 추호의 의심이 없었다. 제일 높은 반 수업을 따라갈 수 있을지에 대한 의심보다는 왜 2번이나 70점을 받았는지에 관한 의문이 머리를 맴돌았다.

÷

과도한 스트레스가 성적에 끼치는 영향

수진이는 7월 중순부터 2학기 과정을 시작해서 3달 좀 넘게 공부를 하고 나시 중간고사를 치게 되었다. 2번이나 70점을 받았으니 수진이나 엄마나 마음을 졸일 수밖에 없는 상황이었다. 다시 70점을 받았을까? 아니다. 제 실력에 맞게 100점을 받았다.

감사하다는 인사를 받았지만 내가 받을만한 인사가 아니었다. 수진이는 우리 학원이 아니라 어느 학원에 다녔어도 100점을 받을만한 학생이었다. 어머니에게 "원래 100점 받을 학생이었습니다. 수진이 많이 칭찬해 주세요."라고 말씀드렸다. 그렇게 1학년 2학기 기말고사까지 잘 마무리가 되었다. 그리고 2학년이 되고 또 중간고사 기간이 찾아왔다.

"원장 선생님, 어떻게 하면 좋을까요?

시험 직후에 엄마가 전화하는 경우는 드문데 전화가 왔다.

"왜 그러세요? 수학은 잘 쳤다고 들었는데요."

"네, 수학은 잘 쳤어요. 그런데 다른 과목 성적이 원하는 만큼 안 나와서 제가 또 듣기 싫은 소리를 했어요."

"수진이 정말 열심히 했는데. 아시잖아요."

"열심히 한 건 잘 아는데, 점수를 보니까 확 올라와서 저도 모르게 퍼부었어요. 그러고 나니까 후회도 되고 그래서 어떻게 해야 할지 몰라서 전화 드렸습니다."

"지나간 건 어쩔 수 없으니까, 들어오면 아까는 미안했다고 하시면 좋을 것 같습니다. 정말 열심히 한 것 다 아시잖아요. 과정이 좋았으니까 결과는 좀 부족해도 격려해 주셔야죠. 그래야 기말고사에 또 집중할 수 있으니까요."

특목고 입시를 염두에 두고 있던 터라 내신에 대해 많이 민감한 상태였다. 또 1학년 1학기에는 2번이나 70점을 받지 않았던가. 그 마음을 이해하지 못하는 건 아니다. 과정이 중요하다는 것을 잘 알지만, 막상 결과가 좋지 않으면 정말 잘 진행하고 있었는지 의심을 하게 된다. 대부분 결과는 과정을 따른다고 생각하기 때문이다.

지금 와서 생각해보면 수진이의 실력이 출중한데도 성적이 들쑥날쑥했던 것은 엄마로부터의 과도한 스트레스가 주된 원인이었던 것 같다. 중학생은 45분간 시험을 친다. 45분에 20문제 혹은 그 이상의 문제를 빨리 풀어야 한다. 다들 경험해봤을 것이다. 시험을 정말 잘 치겠다는 의욕이 과하거나 시험을 잘못 쳤을 때 발생하게 될 상황까지 생각하면 시험에서의 긴장감은 정말 크다. 풀다가 엉뚱한 문제에서 한 번 막히기 시작하면 머릿속이 하얘지고, 결국 그 시험은 엉망이 된다.

÷

운이 나쁘면 기회를 더 줘라

결과는 보통 과정을 따라가지만 그렇지 않을 수도 있다. 쉬지 않고 정말 열심히 공부했는데 수능을 망친 예도 있다. 그런 경우는 그냥 시험 당일에 운이 없었던 거다. 우리 학원 인근의 중학교를 졸업하고 유명한 자립형 사립 고등학교에 진학한 지현이가 그랬다. 대형 학원에 다니다가 우리 학원에 왔다. 학원에 온 지 일주일이 지나고 다닐 만하냐고 물었다. "숙제가 적어서 너무 좋아요."라고 지현이가 웃으며 말했다.

지현이는 서울대 경영학과 진학이 목표였는데 수능을 망쳤다. 알려준 점수를 배치표에서 찾아보니 망쳐도 이만저만 망친 것이 아니었다. 부모님은 재수하지 말고 그냥 성적에 맞게 원서를 쓰라고 했었다. 누구는 재수를 못 시켜서 안달인데 실력에 안 맞게 너무 낮은 학교에 원서를 쓰라고 하는 것을 이해할 수 없었다. 나는 딱 1년만 더 공부하겠다고 빌어 보라고 말했다. 그러자 며칠 후 전화가 왔다.

"선생님, 저 재수하게 됐어요. 정말 기뻐요."
"그래, 축하한다."

대학 합격도 아니고 재수 허락에 이런 즐거운 대화를 하다니 참 흔하지 않은 경험이었다. 지현이는 대구에서 재수를 시작했다. 일을 마치고 간식을 사준 적이 있는데 얼굴이 좋아 보였다.

좋은 실력이 어디 가겠나. 지현이는 결국 목표했던 학교와 전공에 합격했다. 실력에 맞는 결과였다. 좋은 실력은 좋은 과정을 통해서 만들어진다. 운이 없어서 1~2번은 실력에 맞지 않는 결과를 받을 수도 있다.

앞서 말했듯 결과는 과정을 따라가게 된다. 그러니 과정이 좋다면 결과에 너무 연연하지 말자. 운이 나쁜 건 기회를 더 주는 것으로 회복할 수 있다. 과정은 정직하다. 의심하지 말자.

$$\begin{matrix} ^\wedge & ^\wedge \\ \times & + \\ = \pm = \end{matrix}$$

학원 개수와 성적의 상관관계

'가서 앉아있으면 뭐라도 배우지 않을까?', '학원에 다니면 숙제라도 하니까 낫지 않을까?' 많은 부모가 이렇게 생각한다. 다만 '학원에 가서 앉아 있어도 머리는 딴 생각하면 어떻게 될까?', '숙제는 똑바로 안 하고 아무렇게나 찍으면 어떻게 될까?' 이런 생각도 해 보면 좋겠다.

공부를 잘하는 다른 아이들이 학원을 여러 개 다니는 것을 보면, 성적이 좋지 못한 내 아이가 성적을 올리려면 비슷한 수준으로 다녀야 한다고 생각하게 된다. 이런 생각은 선행 학습 관련 상담을 할 때 듣는 말과 굉장히 비슷하다.

"수학을 잘하는 아이들을 보니 다들 선행 학습을 많이 했더라고요. 그래서 수학을 잘하기 위해서 선행 학습을 많이 해야 한다고 생각해요."

성적이 좋지 않다는 것은 공부하는 시간이 충분하지 않다는 말과 다르지 않다. 그래서 부족한 공부 시간을 늘리기 위해서 학원을 보낼 수는 있다. 하지만 학원에 다닌다고 해서 수업에 집중하고 있다고 장담할 수 없고, 학원 문을 나선 이후에 아이가 스스로 학습하는 데 시간을 추가로 쏟을지는 의문이다.

÷

아이의 학습 역량을 우선시하라

학원을 2개 정도 다닐 수 있는 학습 역량을 가진 아이가 있다. 그런데 부모가 아이에게 필요한 것 같아서 학원을 2개 더 추가하면 아이는 어떻게 될까? 과연 학원의 개수가 늘어난 만큼 공부를 2배 더할까?

4개의 수업이 이전 2개의 수업과 같은 수준으로 학습이 되기 위해서는 반드시 2배의 학습 시간이 필요하다. 학원을 2개 정도 다닐 수 있는 학습 역량을 가진 아이라면 4개의 수업에 대한 성취도는 전체적으로 떨어질 수밖에 없다. 실력이 좋은 아이가 여러 개의 학원에 다니는 이유는 본인이 그 수업을 소화할 능력이 되기 때문이다. 역량은 부족한데 학원을 더 다니게 하는 것으로 실력이 올라가리라 기대하면 전체적으로 역효과가 날 가능성이 크다. 성적이 좋지 않던 과목은 여전히 그대로고 괜찮았던 과목까지 나빠질 수도 있다.

학생의 학습 태도가 갑자기 나빠지는 경우가 있다. 성실하게 해 오던 숙제도 덜 하기 시작하고, 밝았던 표정도 점점 어두워진다. 결국, 학교 성적도 떨어지고 학원에서의 수업 레벨도 내려간다. 그럴 때면 물어보는 것이 있다.

"혹시 학원 몇 개 다니니?"

"6개요."

"최근에 새로 다니는 학원 있니?"

"네, 과학이 늘었어요."

그러면 나는 고민을 한다. '전화해 볼까?' 수학 학원장의 입장에서 학부모에게 다른 과목에 관한 이야기를 하기가 쉽지는 않다. 왜냐하면 자식 교육은 부모가 하는 것이라 수학 학원장이 다른 과목에 대해 말을 꺼내는 것은 확실히 선을 넘는 일이기 때문이다. 그나마 수강 등록 등으로 자주 얼굴을 보는 경우라면 학원이 늘어서 전체적으로 학습 상황이 좋지 않을 수 있으니, 학생과 잘 이야기해 보는 것이 좋겠다고 조언을 할 때도 있다.

물론 용기를 내어 얘기했지만 씨도 안 먹히는 때도 있다. 중학교 2학년인 현석이를 불러 물어보니 국어, 영어, 수학, 과학 등 총 6개를 다닌다고 했다. 우리 학원에 다닌 지 1년 정도 되었고, 1달에 한 번씩은 수강 등록을 받으며 학부모와 서로 얼굴을 익힌 터라 전화를 해서 학원이 좀 많은 것 같다고 했었다.

"원장님이 잘 모르시는 것 같아요. 현석이 친구들도 다들
그만큼은 다녀요. 옆집 애는 영어만 3개 다니는데요."

'아니, 근데 그게 현석이한테 독이 되고 있다고요' 차마 말할 수 없었다. 성적을 올리려고 보내는 학원이지만 오히려 그 학원이 아이의 발목을 잡는 상황이 될 수도 있다. 지금 내 아이가 다니는 학원은 모두 확실히 도움이 되는가? 혹시 부모의 욕심으로 추가한 학원 때문에 학습에 전반적으로 악영향을 주고 있는 것은 아닌지 생각해 보면 좋겠다.

엄마의 잔소리

신입생의 레벨을 결정할 때 특별한 상황이 아니면 무조건 레벨 테스트를 실시한다. 간혹 자신의 시험 결과를 보고 그 자리에서 우는 경우가 있다. 우는 학생의 대다수는 초등학생인데 이유는 물어보지 않아서 정확히는 모르겠다. 예상해 보자면, 자기는 정말 열심히 했는데 원하는 성적이 아니라서 그럴 수도 있다. 또는 집에 가서 엄마한테 들을 꾸중이 무서워서 일 수도 있다. 그때의 내 역할은 표정을 잘 보고 있다가 울음이 더 커지기 전에 괜찮다는 말로 선수 치는 것이다.

정말 드물게 고등학생이 운 경우가 있었다. 남학생이었다. 레벨 테스트 성적 때문은 아니었고 상담하면서 내가 했던 이런

저런 조언들이 마음을 움직인 듯했다. 그날이 계기가 되어 그동안의 방황을 정리하고 다시 공부를 하기 시작했다. 3~4달 공부한 뒤 2학기 중간고사를 쳤다. 열심히 공부했다는 것을 알기에 성적이 오르리라 확신했지만 최상위권 수준의 성적은 기대하지 않았다. 시험 마지막 날 점수가 궁금해서 집에 상담 전화를 했는데 이상하게 분위기가 좋지 않았다.

"안녕하세요. 경진이 시험 잘 봤지요?"
"네, 점수는 좀 올랐는데 저랑 좀 싸웠어요."

다음날 학원에 온 경진이에게 자초지종을 물었다. 경진이는 성적이 30점이나 올랐으니 내심 엄마의 칭찬을 기대하고 집으로 들어갔다. 그런데 30점이나 오른 성적에 대한 칭찬은커녕 "이번 시험 쉬웠다며? 명수는 100점이더라."라는 말을 들었다고 했다. 이 말을 듣고 경진이가 다시 공부에서 손을 놓을까 걱정부터 되었다. 열심히 잘하던 아이도 스트레스가 쌓이면 공부에서 손을 놓게 된다. 간신히 다시 공부에 재미를 좀 붙였고 그래서 성적도 올랐는데 되레 찬물을 들이부은 것이다. 안타까웠다.

÷

모든 아이에게 적용되는 공식은 없다

고등학생인 아이에 대한 부모의 태도를 바꾸는 것은 내가 할 수 있는 게 아니다. 하지만 아이에게 공부해야 하는 이유를 설명하고 이해시키는 것은 내가 해야 하는 일이다. 또 그만큼 잘 할 수 있기에 경진이와 좀 길게 이야기를 했다.

"엄마는 어쩔 수 없어. 앞으로도 계속 산소리를 하실 거야. 그때마다 힘들어하면 너만 손해야. 엄마 잔소리를 그냥 한 귀로 듣고 한 귀로 흘려. 그래야 네가 스트레스를 덜 받아."

"예."

"엄마는 네가 태어나는 순간 잔소리하는 사람이 된 거야. 그건 나도 그래. 그러니까 엄마가 잔소리를 안 하기를 바라는 것보다 네가 방어막을 치는 게 좋아. 만약 엄마가 잔소리를 안 하면 그냥 옆집 아줌마랑 같아지는 거야. 너한테 아무 관심이 없다는 말이지. 그러니까 엄마가 잔소리하시면 넌 그냥 '나에 관한 관심이구나' 정도로만 생각하란 말이야. 그리고 공부는 너 자신을 위해서 해. 엄마 잔소리와 상관없어."

부모에게서 공부 스트레스를 받는 아이들에게 한 아이를 키우는 부모로서 가끔 해 주는 말이다. 사람은 각각이 하나의 우주다. 서로 다른 이 우주에 똑같이 적용되는 공식 같은 건 없다. 이 방법 저 방법을 써보며 제일 나은 선택지를 찾아야 한다. 내가 알려주는 방법 역시 공식이 아니다. 수많은 학생과 학부모를 만나서 도출해 낸 한 가지 방향일 뿐이다.

잔소리 안 하는 부모를 만나기는 어렵다. 잔소리 안 해도 척척 알아서 하는 자식을 만나는 것도 마찬가지다. 부모는 자식이 열심히 하지 않으니까 잔소리한다고, 자식은 잔소리하니까 더 공부하기 싫다고 말한다. 둘 다 맞는 말이다. 하지만 나는 후자에 더 마음이 간다.

집착과 기다림

중학교 3학년 때까지 규민이의 수학 성적은 줄곧 최상위권 수준이었다. 그런데 고등학생이 된 후에는 어찌된 일인지 성적이 점점 떨어졌고 얼굴색도 함께 어두워졌다.

> "학원에서 수업을 어떻게 해서 애 성적이 이래요? 선생님 바꿔 주시면 안 돼요?"

수업을 담당하고 있는 선생님은 중학교 때부터 규민이를 가르쳐 온 선생님이었다. 실력도 좋고 학생과도 잘 맞아서 수년간은 어머니도 아주 만족했었다. 그런데 갑자기 성적이 떨어지니 수업에 문제가 있는 것처럼 불만을 제기하셨다.

> "담당 선생님이 열심히 하시고 다른 학생들이 잘 듣고 있
> 어서 선생님 교체는 할 수 없습니다."

수업에 정말 문제가 있으면 내가 먼저 선생님을 교체한다.
그러나 다들 아는 것처럼 성적은 선생님보다는 학생의 학습 태
도와 함께 변화한다. 규민이를 불러서 이야기를 나눴다.

> "무슨 일 있니? 요즘 왜 이래?"
> "…"
> "선생님 말씀으로는 숙제도 덜 해 오고, 복습도 덜 한다
> 고 하던데."
> "숙제가 너무 많아요."
> "우리 학원 숙제가 많다고?"
> "아니요. 다른 학원이 많아서요."

자초지종을 들어보니 고등학교에 입학하고 나서 수학 학
원을 1개 더 다니고 있었다. 그래서 숙제가 늘어나서 전부 할 수
없었다고. 수학 학원을 2개 다니는 학생이 드문 것도 아니다. 열
심히 하는 학생이면 학원이 하나 더 늘었다고 해서 숙제가 엉망

이 되는 경우는 없다. 하지만 이야기를 들어보니 우리 학원 하나로는 충분하지 않은 것 같아서 규민이의 동의 없이 엄마가 강제로 보내고 있는 상황이었다. 학생의 동의를 받지 않고 등록을 했으니 그 수업이 잘 될 리가 없다. 첫 단추가 잘못 끼워진 것이다. 그 후로도 상황은 좋아지질 않았다. 좋아지기보다는 오히려 더 나빠지는 듯했다. 담당 선생님도 전화 상담을 하고 나면 힘들어했다. 결국 규민이는 오래 다닌 우리 학원을 그만두게 되었다.

÷

집착은 도움이 되지 않는다

상담하게 되는 대상의 90% 이상은 엄마다. 아이가 학업을 본격적으로 시작하면서 결과물이 좋으면 엄마에게는 자연스레 욕심이 생긴다. 아들은 중학생이 되면 신체적으로 엄마를 뛰어넘기 때문에 엄마가 감당하기 어려운 경우가 많다. 한 학부모로부터는 "아이가 화를 내면서 주먹을 쥐는데 겁나더라고요."라는 말도 들은 적이 있다. 근데 딸은 엄마가 직접 상대해 볼 만하므로 중, 고등학생 임에도 초등학생 때처럼 학습에 관여하는 경우가 많은 것 같다.

물론 아빠의 집착이 문제가 된 경우도 없는 것은 아니다. 중학생 때까지 성적이 좋았던 유진이는 고등학교 2학년 때 성적이

내려가기 시작했다. 같은 레벨에 있었던 다른 학생들 여러 명은 모두 의대에 진학했는데 유진이는 지방 국립대 공대에 진학했다. 중학생 때 수업을 담당했던 선생님께 유진이의 입시 결과를 말씀드리니 "예? 유진이가요?" 하며 매우 놀라셨다. 마침 유진이가 학원에 인사를 와서 같이 점심을 먹을 기회가 있어서 어렵게 물어봤다.

"너 고등학교 들어가서 무슨 일이 있었니? 혹시 성적 때문에 엄마가 힘들게 했니?"

나는 딸은 주로 엄마가 집착한다는 선입견을 품고 물었다.

"아니요. 아빠요."

예상이 완전히 빗나갔다. 더 자세히 물어보고 싶었지만 상처를 건드릴 것 같아 그럴 수 없었다. 다행스럽게도 다니고 있는 학교와 전공에는 매우 만족하고 있었다.

"재수는 생각 안 해봤니?"
"전혀 안 했어요. 그냥 빨리 대학교 가고 싶었어요."

÷

답답해도 기다려야 한다

혹시 아이가 아직 고등학생인데 벌써 재수부터 고민하고 있는 가? 그렇다면 공부로 스트레스는 주지 않는 것이 좋다. 공부 똑 바로 하라는 잔소리로는 단 1점도 올라가게 만들 수 없고, 또 미 리 계획해 둔 재수에서도 점점 멀어지게 될 것이다. 스트레스로 머리가 터질 것 같았던 고등학교 3학년 생활을 누가 다시 하고 싶겠는가?

고등학생 때는 이전과 달리 부모 주도의 학습이 진행되지 않기 때문에 번아웃과 같은 현상은 적다. 중학교보다 더 강도 높 은 학습이 진행되지만, 오히려 더 열심히 한다. 고등학생이라는 자격, 마지막 3년이라는 생각, 선생님들의 분위기 조성 등의 환 경적인 요인으로 공부에 대한 인식이 달라진다. '엄마, 아빠가 하라고 하는 것'에서 '해야 하는 것', '나에게 필요한 것'으로 인 식이 전환되는 시기라서 그렇다.

기다리면 제자리를 찾아간다. 찾아가는 과정과 걸리는 시간 은 아이마다 다르다. 다를 수밖에 없다. 고등학교 3학년이 지나 기 전에 찾아갈 수도 있고, 어쩌면 재수할 때 그럴 수도 있다. 많 은 아빠가 경험한 것처럼 군대를 제대하고 나서야 그렇게 되기 도 한다. 부모가 아무리 지지고 볶아 봐야 결국 쓸데없이 에너지만 낭비하는 꼴이다.

무작정 기다려야 한다고 하니 "시간이 없는데 언제까지 기다리냐?"라고 반문하는 분들도 있었다. 그럼 내가 묻고 싶다. "부모님께 야단맞은 것이 계기가 되어 정신 차리고 공부하기 시작했다는 사례를 본 적이 있는가?" 야단맞고 가출한 경우는 있어도 공부를 더 열심히 한 사례는 아마 없을 것이다. 나 역시 학창 시절뿐 아니라 지난 15년 간 학생들의 행동을 관찰하면서 부모에게서 오는 공부 스트레스가 아이들을 좋은 방향으로 이끄는 경우를 보지 못했다. 오히려 역효과가 나서 부모와 자식 간의 관계까지 많이 상한 경우는 여럿 보았다. 그래서 기다려야 한다. 더 좋은 방법은 없다.

^ ^
× +
= ± =

번아웃

상담을 하다 보면 여러 가지 이야기를 듣게 된다. 둘째 아이의 학원 상담을 하다가 공부에서 손을 놓은 첫째 아이의 이야기를 하시는 분도 있었다.

"큰 애가 중3 때 손을 놓았어요. 전까지는 정말 잘했어요.
○○학원 영재반도 다녔고."
"지금은 어떤가요?"
"고3인데 계속 그대로예요. 손을 놓을 때 그냥 둬야 했는데 제가 참지 못하고 계속 애를 잡는 바람에."

첫째한테 너무 모질게 해서 둘째한테는 그렇게 하지 않는다고 했다.

초등학생 때는 부모가 세상의 전부인지라 시키면 시키는 대로 다 한다. 부모는 시키는 걸 잘 해내니까 욕심을 부리게 된다. 시간이 흘러 아이가 어느새 중학생이 되어도 여전히 어리고 미숙하다. 2학년이 되면 그제야 중학생 티가 난다. 키도 부모보다 커지고 친구들과 있는 얘기 없는 얘기를 다 하다 보면 매끈하던 아이의 생활에도 점점 굴곡이 생기게 된다. 그래서인지 과도한 학습에 의한 번아웃 상황은 대부분 중학교 2~3학년 학생들에게서 나타난다.

부모가 원하던 대로 공부를 열심히 하던 아이가 중학교 2~3학년이 되어 갑자기 공부에서 손을 놓으면 대부분은 단기간에 이전의 수준으로 회복되기는 어렵다. 더구나 '공부 잘하는 아이'의 부모로 살아 온 기간이 있기에 예상하지 못한 상황은 아이와 부모 모두에게 그야말로 시련이다.

일단 교육을 전담하는 엄마가 일을 수습해 보려 한다. 야단도 쳐 보고 좋은 말로 회유도 해 본다. 그러다 본인의 힘으로 역부족이다 싶을 때 남편에게 이야기한다. 아내의 갑작스러운 호출에 제대로 준비도 못 하고 투수 마운드에 급하게 올라간 남편은 또 어떤가. 오죽하면 애 엄마가 이야기했겠냐 싶어 결국 아이를 불러 놓고 훈계를 하게 된다. 상황은 점점 악화된다.

체력은 사람마다 모두 다르다. 동일한 운동을 일정 시간 동안 해도 몸에 생기는 근육과 힘의 양은 똑같지 않다. 정신력도 마찬가지다. 12년의 공부를 꾸준하게 높은 강도로 해낼 수 있는 아이가 있고 그렇지 않은 아이도 있다. 옆에서 다른 애는 괜찮은데 왜 너만 그러냐고 잔소리를 해 봤자 소용없다. 아이가 그 시간을 잘 이겨내도록 부모는 묵묵히 기다리는 수밖에 없다. 체력이 소진되면 쉬는 방법 외에 다른 방법은 없지 않나. 회복하는 시간을 주지 않으면 회복이 안 될 수도 있다.

÷

아이를 이해하라

안타깝게도 번아웃 된 중학생이 단기간에 그것을 잘 극복한 사례는 아직 본 적이 없다. 쉽게 극복될 것이었다면 '증후군'이라는 꼬리가 달리지도 않았으리라. 이런 사례에는 공통점이 있다. 대부분 아이와 부모와의 관계는 나빠지고 최종적으로 부모가 후회하는 것으로 마무리된다. 전쟁 같은 시간이 다 지나서야 부모는 아이가 힘들어할 때 따뜻한 말 한마디도 안 하고 또 마음 편하게 쉬도록 해 주지도 못했다는 것을 깨닫고 뒤늦게 후회한다.

아이가 공부에 대한 의욕을 갖지 못해 방황하는 상황을 평온한 마음으로 내려다 볼 수 있는 부모는 많지 않을 것이다. 하지만 아이 자신도 어떻게 하지 못하는 그 시간이 어느 때보다 부모의 그림자가 더 필요한 시기다.

아이가 수년 동안을 '공부 잘하는 아이'의 부모로 살게 해 줬다면, 이럴 땐 '잘 이해해 주는 부모'의 자식으로 쉴 수 있도록 해 주자. 다시 에너지를 충전할 시간을 주면서 용기를 북돋아 주자. 쉴 때는 쉬고 할 때는 하는 그런 똑 부러진 아이가 되기를 바라지 않았던가? 아이는 부모의 거울이다. 쉬어야 할 때 제대로 쉴 수 있도록 하는 똑 부러진 부모가 먼저 되어야 가능한 일이다.

```
      ^    ^
    ×    +
    =  ±  =
```

넘사벽

태현이가 중학교 3학년 때 일이다. 태현이는 수학과 과학을 정말 좋아하고 또 잘했다. 그래서 최상위권 수준이겠거니 생각만 하다가 하루는 콕 찍어서 물어봤다. "태현아, 넌 이번 시험 몇 등이니? 전교 석차." 다짜고짜 이렇게 물으니 기어들어 가는 목소리로 말했다. 잘 안 들렸던 나는 허리를 아이 쪽으로 숙이고 몇 등이냐고 다시 물었다.

"104등요."

수학을 너무 잘 하는 학생이었기 때문에 104등이라는 석차는 사실 좀 충격이었다. 같은 반에 있는 다른 학생들은 다들 못해도 전교 10등은 하고 있었기 때문이다.

태현이는 전 과목 평균은 104등의 성적이지만 수학과 과학은 정말 실력이 출중한 학생이었다. 지금은 중학교에서 석차를 알 수 없지만 예전에는 공식적으로는 알 수 없었어도 선생님이 학생 개개인에게 알려주는 경우가 많았다. 태현이의 역량은 고등학교에 진학하고 난 후에야 드러나게 되었는데 고등학교 1학년 3월 모의고사부터 전교 5등 안으로 쑥 들어갔다. 같은 수업을 듣던 상진이가 전교 3등을 했었는데 자기보다 태현이가 더 잘친 것 같다고 했으니까 적어도 2등이었다.

어느 날은 사설 모의고사를 친 직후에 상진이가 태현이가 진짜 '넘사벽'인 이유를 이야기해줬다. 그날 친 모의고사가 정말 어려웠는데 태현이는 시험 도중에 배가 아파서 40분만 치고 화장실을 갔다. 다른 최상위권 아이들은 100분을 다 쓰고도 90점을 받기가 어려운 시험이었는데 아픈 배를 움켜잡으며 40분을 풀고 받은 점수가 96점이었다. 이 이야기를 해 준 상진이와 화장실을 가야 했던 태현이는 함께 서울대에 진학했다. 8~9년이 지났지만, 지금까지도 태현이를 뛰어넘는 실력자를 아직 만나지 못했다.

÷

끈기와 노력을 잊지 마라

한 중1 학생이 레벨 테스트를 치러왔다. 상담하면서 진도를 물었는데 6개월 동안 중학교 1~3학년 내용을 다 공부했다고 했다. 물론 몹시 어려운 심화 문제까지 푼 것은 아니었다. 이처럼 짧은 기간에 많은 양을 배운 경우는 그 결과가 극단적인 경우가 많았다. 아주 완벽히 잘하거나 하나도 모르거나. 다행히 그 학생은 좋은 쪽이었다. 그래서 가장 높은 반에서 수업을 시작하게 되었다. 이름은 창용이었다.

가장 높은 레벨의 수업이었지만 창용이에게는 어렵지 않았던 것 같다. 그렇다고 해서 수업의 난이도를 더 높이기도 쉽지 않았다. 왜냐하면, 반의 다른 학생들은 정말 열심히 노력해서 수업을 따라가고 있었기 때문이다. 전 시간에 가르쳤던 내용을 확인하기 위해서 매일 시험을 쳤는데 시험을 칠 때마다 다 맞히는 창용이를 보고 다른 학생들은 '천재'라고 불렀다.

수업이 쉬워서인지 아니면 다른 친구들이 '천재'라고 자꾸 불러서 부담스러웠는지 내성적이었던 창용이는 오래 학원에 다니지는 못했다. 한동안 잊고 지냈는데 어느 날 아내와 함께 재수 학원 앞을 지나다 현수막에서 한 이름을 발견할 수 있었다. "권창용, ○○의대 합격". 최상위권 아이들이 천재라고 불렀던 아이조차 재수를 한 상황을 마주하니 '너한테도 공부가 쉽지 않았구나'라는 말이 속으로 튀어나왔다. 창용이를 '천재'라고 불렀던 다른 남학생 2명 모두 의학 계열에 진학해서 잘 다니고 있다.

이 일화를 읽고 여러분은 '서울대, 의학 계열에 진학하려면 넘사벽이 되어야 하는구나'라고 생각하지는 않았으면 좋겠다. 넘사벽이라 불리던 학생도, 그들을 넘사벽이라 불렀던 학생도 모두 피나는 노력으로 원하는 목표로 향하고 있었다. 글을 쓰는 지금 이 순간에도 타고난 머리를 활용하지 않는 학생과, 자신과의 싸움에서 이기고 조금씩 발전하는 학생들을 동시에 보고 있다. 결국 타고난 머리보다는 끈기와 노력이 더 중요하다는 것을 매번 확인하게 된다.

^   ^
×   +
= ± =

공부는 왜 하나

"이리 와서 좀 앉아봐."

이렇게 말하는 순간 아이들의 뇌에는 '또 잔소리'라는 신호가 순식간에 떠오른다. 평상시와 다르게 꼭 잔소리할 때는 자세 잡고 앉으라고 하니 그럴 수밖에. 사실 부모가 아이를 앉혀 놓고 공부의 필요성을 아무리 이야기해도 효과가 별로 없다. 초등학생 때는 그냥 부모가 하는 말은 다 옳은 말이니까 아무 생각 없이 '예'라고 대답하는 것이고, 중, 고등학생들에게 부모의 말은 모두 이미 다 아는 잔소리일 뿐이다. 특히 부족함이 없이 자라는 요즘 아이들에게는 더욱 그렇다. 그런데도 혹시 중, 고등학생 자녀에게 공부의 필요성에 대해 현실적인 이야기를 하고 싶다면 내가 학생들에게 가끔 해 주는 이야기가 도움이 될 수 있을 것 같다.

"공부하는 건 불확실성을 없애는 거야. 네 미래를 네가 직접 만들고 있는 거라고."

대학교 진학과 상관없이 아이들에게는 자립을 해야 하는 시기가 결국 온다. 그때의 불확실성을 줄여주는 것이 '공부'다. 아주 큰 부자가 될 확률은 성적과 별로 상관이 없다. 하지만 적어도 스스로 만족할 수 있는 수준의 일자리를 가지고 사회 구성원으로 역할을 하는 데는 열심히 공부하는 것이 확실히 도움이 된다.

대학을 졸업하고 1년 동안 구직 활동을 하던 조카가 취업하고 얼마 전에 독립했다. 명문대를 나와도 취업하는 것이 녹록하지 않다는 말만 들었지, 막상 가까이서 힘들게 준비하는 것을 보니 20년 전에 별 어려움 없이 대기업에 취업한 내가 요즘 시대에는 원서도 내기 힘들 것 같았다. 명문대를 졸업했다는 이유만으로 취업이 되던 시절이 있었지만, 지금은 확실히 아니다.

몇 년 전 재수까지 해서 서울대에 입학한 인문 계열 학생이 의학 계열로 다시 진학하기 위해서 군대에서 다시 수능을 준비하고 있다는 소식을 들었다. 인문 계열 학과가 얼마나 취업하기가 어려운지, 동시에 의학 계열에 대한 선호도가 얼마나 굳건한지도 알 수 있는 극단적인 예인 것 같아서 마음이 편하지 않았다. 최근에는 인터넷에서 명문대 졸업자에게 대기업 입사, 일정 수준의 연봉을 비롯한 혜택이 주어져야 한다는 글을 몇 번 읽은 적이 있다. 명문대 재학생이 대학을 졸업하는 시점에서 자신의 능력으로 보여줄 수 있는 것이 고작 수년 전의 수능 성적뿐이라고 외치는 것 같았다.

÷

공부로 불확실성을 없애라

난 학생들에게 '공부는 자립의 불확실성을 줄이는 것'이라 이야기한다.

"엄마, 아빠가 왜 공부하라고 하실까?"
"나중에 저희 잘되라고 그러죠."

학생들 대부분이 이 정도로 대답한다. 부모는 아이들에게 똑바로 공부하지 않으면 돈 벌기가 힘들다는 이야기를 잘 하지 않는다. 나 역시 돈 이야기를 하는 것이 괜히 꺼려지고 또 속물처럼 보일 것 같아서 웬만하면 하지 않는다. 물론 공부를 열심히 한다고 해서 돈을 벌기가 수월해지지는 않지만 적어도 안정적인 사회생활을 시작하는 데 도움이 되는 것은 맞지 않은가?

미래의 불확실성을 줄이기 위해서 반드시 국, 영, 수를 잘할 필요는 없다. 무엇이든 열심히 하면 된다. 노력을 들이면 어떤 것이라도 의미가 생긴다. 예를 들면 시나리오를 쓰고 웹툰을 열심히 그리거나, 컴퓨터를 조립하거나, 프로야구 선수의 타율을 정리하고 분석하는 이런 일들 말이다.

모두 시간과 노력을 함께 기울여야 하는 일이다. 잘하지 못해도 된다. 학생 때는 열심히만 하면 된다. 문제는 노력하지 않고 시간만 보내는 것이다. 유튜브, SNS, 게임에서 벗어나지 못하고 몇 시간씩 빠져있으면 자립의 불확실성만 증가시킨다.

'공부가 가장 쉬웠어요.'라는 말이 있다. 대구 출신의 장승수 변호사가 고등학교를 졸업하고 온갖 힘든 일을 다 경험하고 쓴 책의 제목이다. 부모들의 공감을 얻고 아이들을 위해서 너도나도 사서 책은 많이 팔렸겠지만 정작 그 책을 읽고 태도가 바뀐 학생은 많지 않을 것이다. 왜냐하면, 학생들은 경험해 보지 못한 것이기 때문이다.

경험해 보지 못한 것을 책이나 말을 통해 깨닫기란 너무 어렵다. 더구나 태도가 바뀌는 것은 거의 불가능하다. 읽을 때는 고개를 끄덕이지만, 행동이 바뀌지 않는다. 술과 담배가 몸에 해롭다는 것을 다들 알지만 아파 보기 전에 깔끔하게 끊은 사람은 쉽게 찾을 수 없다. 이렇게 내가 아이들에게 하는 말도 결국은 잔소리지만, 나는 계속 할 것이다.

공부가 쉬워요

레벨 테스트 성적이 좋지 않아도 열심히 공부하면 실력은 좋아
진다고 나는 항상 이야기한다.

"넌 장래 희망이 뭐니?"

"없는데요."

"어 그래. 정상이네. 그럼 남들보다 잘하는 것 있어? 음
악, 미술, 체육 그런 거?"

"아니요."

"그럼 다른 건 몰라도 공부는 정말 잘 할 수 있어."

사실이다. 공부는 정말 음악, 미술, 체육보다 타고난 재능이 실력에 영향을 덜 끼친다. 그래서 열심히 하면 성과가 나타난다. 그리고 한 가지 더, 예체능으로 진로를 선택한 사람들과 달리 공부를 택한 사람 중에는 열심히 하지 않는 사람들이 많으므로 상위권 수준에는 노력만으로도 충분히 올라갈 수 있다. 학생들이 운동선수들이 연습하는 만큼 공부한다면 누구나 1등급이 될 수 있다고 확신한다.

÷

현실의 냉정함

지금은 종영한 KBS 〈다큐멘터리 3일〉이라는 프로그램이 있다. 특정 공간에서 벌어지는 72시간의 이야기를 보여주는 다큐멘터리이다. 2018년 겨울에는 프로 농구 신인 드래프트를 다루는 내용이 방송을 탔다. 한 해에 프로 리그에 들어오는 모든 선수를 모아놓고, 구단이 정해진 순서대로 돌아가면서 선수를 뽑는다.

드래프트 명단에는 총 46명이 올라왔고 최종적으로 프로팀의 선택을 받은 선수는 그중 21명뿐이었다. 10개의 구단에는 10번씩 뽑을 기회가 있었지만 결국 절반도 뽑히지 않았다. 나머지 선수들은 농구를 그만두거나 다음 해에 다시 도전해야 한다. 어린 나이부터 오직 농구 하나만을 바라보며 코트 위에서 땀을 흘려 온 선수들에게 현실은 냉정하기만 했다.

그렇다면 다른 종목은 상황이 다를까? 축구는 1년에 프로 리그에 진출을 노리는 선수가 2,000명이 넘고 그 중 약 100여 명만 뽑힌다. 야구는 2005년~2017년 드래프트 참가선수 9,940명 중 1,141명이 프로구단의 선택을 받았고, 2022년 9월에 실시된 2023 시즌 프로야구 신인 드래프트에는 총 1,165명이 참가해서 110명만이 프로야구단의 유니폼을 입게 됐다.

프로선수가 되는 것도 보통 어려운 일이 아닌데, 프로선수로 발탁되어도 다 주전 선수가 되는 것도 아니다. 1군에 속한 선수지만 경기에 뛰지 못하는 선수도 있고, 2군 선수들도 있다. 하지만 그들 모두 프로선수다. 우리가 TV에서 보는 주전 선수가 되어 이름을 알리는 것은 그야말로 하늘의 별 따기다.

÷

공부가 쉬운 이유

공부는 어떤가? 2023년 수능 지원자 수는 50만 8,030명이다. 그중 4%인 2만 명을 우리는 '최상위권'이라고 한다. 그리고 상위 11% 이내의 실력을 갖춘 학생들을 '상위권'이라 한다. 혹시 프로축구 선수 될 확률이 지원자 중에서 5%이고 프로야구 선수는 약 10%니까 공부와 비슷하다고 해석하는 사람은 없기를 바란다. 드래프트에 명단에 이름을 올린 선수들 중에 최선을 다하지 않은 선수가 90% 이상 될 것이라고 해석하는 것과 다르지 않다. 축구나 야구를 해서 전국에서 100등 하는 것이 쉬울까, 공부해서 전국 2만 등 하는 것이 쉬울까?

사실 공부가 예체능보다 상대적으로 쉬운 이유는 따로 있다. 자의든 타의든 공부를 택한 학생들은 운동선수가 운동하는 만큼 공부를 열심히 하지 않는다. 또, 운동선수처럼 재능이 크게 필요하지도 않다. 그래도 '차라리 운동이 쉽지'라고 생각한다면 당장 운동을 시작해라. '공부가 쉽다'라는 말을 직접 하게 될 것이다.

대학 입시에서 합격하려면 같은 과에 지원한 다른 사람보다 좋은 성적을 받아야 하지만 평소의 공부는 다른 사람과 상관없이 본인의 실력만 높이면 된다. 중학교 1학년에 평균 70점을 받은 학생도 열심히만 하면 고3 때 평균 90점을 받는 것이 충분히 가능하다. 물론 그 이상도 가능하다.

전 과목을 6과목이라 가정하면 평균 70점과 평균 90점의 총점 차이는 120점이다. 중학교 2학년에서 고3까지의 5년을 60개월로 잡으면 총점 120점을 60으로 나누면 겨우 2점이다. 결국 중학교 2학년 때부터 1달 공부해서 총점 2점을 올리는 공부를 하면 된다. 30일 공부해서 2점 올리는 데 타고난 공부 머리가 있어야 한다고 생각하지 않는다. 공부는 '머리'가 아니라

'엉덩이'라는 말이 진짜 맞다. 머리는 공부하면 좋아지는 것이지 공부를 하기 위해서 미리 좋아야 하는 것이 아니다. 그래서 공부가 쉽다는 것이다.

^ ^
× +
= ± =

수염, 턱, 이마

나는 공군에 지원해서 입대했다. 특별히 공군에 매력을 느꼈던 것은 아니었다. 공군에 먼저 입대한 3살 터울의 형이 자주 휴가를 나왔고 그게 좋아 보였다. 자대 배치 후 이등병 기간이 정신없이 지나고 일병이 되었을 무렵 선임병인 신 상병과 경계 근무를 나가게 되었다. 같이 초소를 지키는 동안 신 상병이 해 준 '기회'에 대한 이야기는 무척이나 인상 깊었다. 기회를 그리스 신화 '카이로스'에 빗댄 그 이야기를 학생들에게도 종종 해 준다.

"근창아, 인생에 기회가 3번 찾아온다고 해. 첫 번째 기회는 노인의 긴 수염처럼 생겼어. 그래서 잡기가 너무 쉽지. 근데 사람들이 그게 기회라는 걸 잘 모르는 거야. 너무 쉽게 잡히니까. 결국, 대부분 그 기회를 놓쳐. 그리고 나면 언젠가 두 번째 기회가 또 찾아와. 두 번째는 어떻게 생겼을까?"

"잘 모르겠습니다."

"두 번째 기회는 사람의 턱처럼 생겼어. 턱 한 번 잡아봐. 잡히긴 하지. 근데 수염보다는 잡기가 어렵지. 잡았어도 얼굴을 돌리면 손에서 잘 빠져. 안 놓치려면 수염을 잡았을 때보다 더 꽉 잡아야 해. 만약 두 번째 기회까지 놓치게 되면 그다음 기회를 잡아야 하는데 세 번째 기회는 또 어떻게 생겼을까?"

"모르겠습니다."

"두 번째 기회까지 놓치고 나면 사람들은 세 번째 기회가 오면 반드시 잡겠다고 생각해. 근데 세 번째 기회는 생각보다 쉽게 잡히지 않지. 왜냐하면, 이마처럼 생겼으니까. 이마 한 번 잡아봐. 잘 잡히니?"

"잘 못 잡겠습니다."

"그렇지. 못 잡지. 세 번째 기회가 그런 거야. 잡고 싶어도 좀처럼 잡을 수 없어."

난 아직도 잘 모르겠다. 신 상병이 나한테 그 이야기를 왜

했는지. 초소를 지키는 2시간이 너무 길었던 것 같기도 하고, 건조한 성격의 나에게서는 재미있는 이야기를 들을 수 없었기 때문에 먼저 이야기를 꺼낸 것 같기도 하다.

÷

공부는 기회다

수학 학원을 시작하고 나서 적어도 우리나라에서는 중, 고등학생 시절이 첫 번째 기회라는 생각을 했다. 우리나라만큼 고등학교에서 이룬 성과가 인생에 영향을 많이 끼치는 나라가 또 있을까? 사회가 변하고 있어서 그 영향력이 줄고 있지만, 아직 그 속도는 더디다. 또, 좋은 학교 출신이라는 겉멋은 차치하고라도 자신의 노력으로 원하는 것을 얻었다는 자신감은 분명히 있다.

청소년 시기가 첫 번째 기회라고 하면 그 때 국, 영, 수 공부를 열심히 하는 것만이 답이라고 넘겨짚는 독자도 있을 것이다. 물론 그것도 기회가 맞다. 그런데 좀 더 넓게 생각해서 원하는 것 또는 해야 하는 것을 열심히 하는 것도 역시 첫 번째 기회를 잡는 길이다. 그것은 미술이 될 수도 있고, 또는 음악도 될 수 있고, 부모가 싫어하는 게임이 될 수도 있다.

'페이커'라는 e-스포츠 선수가 있다. 컴퓨터 게임 분야에서 김연아 선수 정도의 세계적인 인물이다. 2013년 16세의 나이에 데뷔해 2023년 현재까지 현역으로 뛰고 있다. 일찌감치 자신이 잘하고 좋아하는 것을 명확히 알고 노력해서 일찌감치 두각을 보인 경우이다. 페이커뿐만 아니라 대부분의 학생들도 비슷한 시기에 진로를 결정하고 대학을 선택하거나 미래를 위한 준비를 하게 된다. 이 시기를 성실하게 보낼수록 조금 덜 불안한 20대 시절을 보낼 수 있다.

첫 번째 기회를 잡지 못했다면 두 번째 기회를 잡으면 된다. 이미 말한 바와 같이 두 번째 기회는 첫 번째 기회보다 쉽게 잡히지 않는다. 첫 번째 기회를 잡은 것과 똑같은 수준의 결과를 가지기 위해서는 더 큰 노력이 들어간다. 친구들이 다 같이 공부할 때 열심히 공부했으면 재수, 삼수, n수를 할 필요가 없지 않은가.

쉽게 설명하기 위해서 재수를 예로 들었지만 인생은 거기서 멈추지 않는다 학창 시절에 더 열심히 노력했을 때의 청춘과 그렇지 않았을 때의 청춘이 어떤 양상을 띄는 지는 일일이 설명하지 않아도 여러 매체를 통해 접할 수 있다. 부모는 이것을 모두 경험했기 때문에 그 기회를 잡지 않는 자식을 보면 숨이 턱턱 막힌다. 남들보다 정말 잘 할 수 있는 것, 좋아하는 것이 있으면 그것을 열심히 해라. 혹시 그런 것이 딱히 없다면 일단 공부를 열심히 해라. 그것이 첫 번째 기회를 잡는 것이다.

지난 선택을 후회할 필요는 없다

아이를 키우다 보면 선택해야 하는 순간이 계속 생긴다. 어린이
집은 어디를 보낼지, 초등학교는 공립을 보낼지 사립을 보낼지,
수학 학원을 일찍 보내야 할지 말지, 또 학군지로 이사를 가야
할지 등등 매번 선택해야 한다. 시간이 흐르고 그렇게 한 선택의
영향이 드러날 때가 되면 그때의 선택이 최선이 아니었던 것처
럼 보일 수 있다. 그래서 아쉬워 할 수도 있지만 후회할 필요는
없다. 그 상황으로 다시 돌아간다고 해도 결국 같은 결정을 하게
될 것이다. 왜냐하면 그것은 그 당시에 할 수 있었던 최선의 선
택이었기 때문이다.

지금 내리는 선택이 과거를 바꾸지는 못하지만, 미래를 바꿀 수는 있다. 그리고 또 그 선택 역시 미래에 다시 돌아볼 때 최선이 아니었던 것처럼 보일 수도 있다. 교육도 마찬가지다. 이 책을 읽고 이전과 다른 시각으로 과거보다 더 좋은 선택을 했다고 생각해도, 미래에 돌이켜 봤을 때 최선이 아닐 수 있다. 그런 날이 온다고 해도 후회는 하지 말자. 당신이 앞으로 하게 될 모든 선택은 항상 그날의 최선일 테니까.

　공식은 없다. 하지만 방향은 있다.

수학 공부의 정석

초등부터 고등까지 수학,
포기하지 않고 끝까지 공부해 내는 법

초판 1쇄 발행 2023년 6월 21일

지은이 정근창
펴낸이 박영미
펴낸곳 포르체

책임편집 김다예
편집팀장 임혜원 **편집** 김성아 김선아
마케팅 김채원 김현중
디자인 황규성

출판신고 2020년 7월 20일 제2020-000103호
전화 02-6083-0128 **팩스** 02-6008-0126
이메일 porchetogo@gmail.com
포스트 https://m.post.naver.com/porche_book
인스타그램 www.instagram.com/porche_book

ⓒ 정근창(저작권자와 맺은 특약에 따라 검인을 생략합니다.)
ISBN 979-11-92730-55-4 (03370)

- 이 책은 저작권법에 따라 보호받는 저작물이므로 무단전재와 무단복제를 금지하며, 이 책 내용의 전부 또는 일부를 이용하려면 반드시 저작권자와 포르체의 서면 동의를 받아야 합니다.
- 이 책의 국립중앙도서관 출판시도서목록은 서지정보유통지원시스템 홈페이지(http://seoji.nl.go.kr)와 국가자료공동목록시스템(http://www.nl.go.kr/kolisnet)에서 이용하실 수 있습니다.
- 잘못된 책은 구입하신 서점에서 바꿔드립니다.
- 책값은 뒤표지에 있습니다.

여러분의 소중한 원고를 보내주세요.
porchetogo@gmail.com